Study on the Moderate Scale Operation of Grain Production in China

— Based on the Agricultural Management Entities

"三农"若干问题研究系列

Research Series on "Three Rural Issues"

我国粮食生产适度规模研究

——基于经营主体视角

卫荣 / 著

中国财经出版传媒集团

经济科学出版社

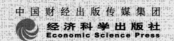

Economic Science Press

《“三农”若干问题研究系列》编委会

总 序

"三农"问题是农业文明向工业文明过渡的必然产物。我国是农业大国，更是农民大国，在全面建设小康社会的进程中，最艰巨、最繁重的任务在农村。"三农"问题关系党和国家事业发展全局，因此，历来是党和国家工作的重中之重，也是整个社会关注的焦点问题。近年来，我国重大政策决策连年聚焦"三农"问题，出台了一系列强农惠农政策，我国农业和农村发展取得了显著成效，粮食连年增产，农民收入也连续较快增长。但是，在四化推进过程中，农业发展依然滞后；城镇化快速发展的形势下，城乡差距依然非常突出；农民增收面临经济下行和农产品国际竞争力持续减弱的双重压力。农业发展现代化进程中，耕地、水等资源压力不断加大，生态环境改善要求持续提高。因此，我国"三农"问题还需要持续关注。

本套丛书从战略角度出发，从农业发展、社会主义新农村建设、农民收入以及农业科技革命等多个维度对我国"三农"问题进行了较为全面、系统、深入的探索。其中，农业发展战略研究维度，分析不同历史阶段农业的主要功能及其发展的客观条件，探讨各种农业政策的出台背景与实施效果，并对当前社会经济环境变动及其对农业的影响进行了重点剖析，提出了新中国发展 60 多年三阶段的论点，即先后经历了"粮食农业"、"食物农业"和"食品农业"；社会主义新农村建设研究维度，依据公共品供给方式、持续发展潜力、发展资金来源、区域间发展差异、要素流动状况等因素将我国社会主义新农村建设的模式归纳为政府扶持、村庄结构转变及村镇扩展三大类；农民增收研究维度，从宏观、中观和微观三个层面对我国区域间农民收入增长及差异进行深入探讨，提出了持续增加农户收入同时缩小农户间收入差异的政策建议；农业科技革命研究维度，通过剖析全球洲际引种、石化革命、绿色革命、基因革命发生发展内在动因，探索分析可持续发展框架下，我国农业科技革命发生、发展的推动、制约因素和进一步发展的“瓶颈”，并针对我国农业科技革命发展存在的主要问题，提出对策建议，为我国制定农业可持续发展的科技战略提供了有益参考。

本套丛书凝聚了各位作者的真知灼见，研究深入扎实，为破解“三农”难题提出了有针对性、实践性和前瞻性的建议。“三农”研究，情系“三农”，相信经过全国广大“三农”研究者持续不断的努力，定能在理论层面不断明晰问题根源，提出有效解决问题的方法和路径，为全面实现“两个一百年”的奋斗目标提供有力支撑。

编委会

2015 年 9 月

目　录

Contents

第1章

引　言

1.1 研究背景与意义

1.1.1 研究背景

国以农为本，民以食为天，食以粮为源。粮食是人类赖以生存的最基本的生活资料，是人类从事其他活动的前提。粮食安全始终与经济发展、社会稳定息息相关，是确保国泰民安的基石，其意义重大而深远。

新中国成立后，我国农业发展取得了巨大成就。尤其是1978年我国实行家庭联产承包责任制以后，极大地刺激了当时的农业生产力，农民生产积极性大大提高，农业生产得到迅速发展。然而，伴随着城镇化和工业化的快速推进，我国粮食生产条件发生变化，开始受到农业劳动力成本上升、基础建设薄弱、资源刚性约束影响，粮食安全面临重重考验。

针对上述问题，中央提出构建新型农业经营体制，培育新型经营主体，推进农业的规模化经营。2013年党的十八届三中全会强调要在家庭联产承包经营责任制的基础上，完善农业经营体制。2016年中央一号文件中再次明确提出要“发挥多种形式农业适度规模经营引领作用”。

农业适度规模经营易于开展大田作物生产，一方面能够克服粮食生产效益低、粮农生产积极性差的缺点；另一方面对于我国实现“数量安全、质量安全、生态安全、产业安全和营养安全”的粮食产业可持续发展具有重要意义。但是适度规模并不是“归大堆”，规模越大，管理成本越高，对基础设施以及社会化服务能力要求也越高，一旦资源不匹配就会出现粗放耕作甚至掠夺性经营等短期行为，危害国家粮食安全。

小麦、玉米是我国大田生产的主要粮食作物，也是口粮以及饲料粮的基础组成，同时还是很多工业用品的主要原料。黄淮海地区作为我国小麦—玉米主产区，跨越京、津、冀、鲁、豫、皖、苏7省市，耕地约占全国的17.5%，农作物播种面积占全国的22.8%，粮食作物播种面积占全国的24.02%。粮食产量占全国粮食总产量的30.4%，人均粮食产量高达572公斤，主要农产品人均占有量高于全国同期平均水平，该区域粮食生产在保障我国粮食安全方面占有举足轻重的地位。黄淮海地区的家庭农场、种粮大户、农民专业合作社和农业企业等新型农业经营主体在全国发展最快。[①] 通过规模化、专业化、集约化和市场化的生产方式，在有限的土地上挖掘潜力，不仅改变着农村老龄化、农户兼业化等问题，也避免了农业生产规模小、收益低、农业现代化水平差的缺点，无疑会成为提高粮食产量和质量的关键力量。

自农业适度规模经营提出以来，各地的规模经营发展得风生水起、形式不一。然而，在新的经济形势下（即在城镇化、工业化、信息化以及农业现代化的背景下），以小农为主，占农业生产大半江山的传统经营主体和发展势头迅猛的新型农业经营主体的粮食生产效率究竟如何？传统农户是沿着什么样的路径演变？新型农业经营主体对我国粮食产业的持续发展有着什么样的影响，能否保证我国粮食安全？如何构建农业稳生产和农户促增收之间的平衡机制，通过政策支持继续推进农业适度规模经营？这些都是本书的主要问题来源。

因此，本书以黄淮海地区为研究区域，以小麦—玉米种植户为研究对象，在城镇化、工业化、信息化以及农业现代化的背景下，理清新型农业经营主体的发展状况及其对粮食生产的作用，分析影响农户经营规模的主要因素，探寻在现有耕地资源限制下的粮食生产适度规模，防范由于规模过大造成的资源浪费以及产量下降，确保国家粮食安全。

---

① 2013年新型农业经营主体数量排名前四位的省份均在黄淮海地区，见本书图4-1。

1.1.2 研究意义

研究我国粮食适度规模经营对于稳定粮食生产、增加农民收入以及推进农业现代化具有重要的意义。

一是为粮食适度规模经营主体的发展提供参考。从经营主体视角探索粮食生产规模、社会化服务、市场组织等提高粮食产量、质量和效益的路径，实现"数量安全、质量安全、生态安全、产业安全和营养安全"的粮食产业可持续发展，增加农户收入，保障国家粮食安全。

二是有利于实现资源优化配置。以缓解地少水缺的资源环境约束为导向，从效率的角度，分析粮食生产的最优规模，对粮食的生产要素进行优化配置，实现农业发展方式的完美转变。

三是为国家扶持新型农业经营主体的政策设计提供依据。结合粮食的最优规模，以及经营主体的生产行为和发展需求，为各级政府出台政策提供参考。

1.2 国内外研究综述

一般来说，国外学者的研究基本可以分为两大类型：一部分学者侧重于从理论上分析农业规模经济，内容包括规模经济的来源、规模报酬的变化、技术创新间的相互关系，以及对农业规模变化的影响等；另一部分学者主要从实证和定量分析的角度，利用规模效益、土地产出率、劳动生产率等，测定农业最优或适度的经营规模。

1.2.1 国外关于农业规模经营的理论研究

在前古典经济学时代，魁奈（1758）在《经济表》中就开始研究当时所谓的马耕式大农业的规模报酬问题。直到古典经济学时期，李嘉图（1817）也对农业经营规模问题进行研究，并认为规模报酬递增这一现象存在于农业生产过程中。马克思（1867）在马克思主义理论体系关于农业理论的阐述中同样表达了对小农经济的看法，认为其是历史发展过程中农业领域的一种小生产方式，伴随着资本主义的发展，资本向所有生产部门投入扩张，小农注定要随着资本的扩张而消亡。总的来说，国外关于农业规模经济基本持肯定的态度。无论是重农学派、古典经济学还是新古典经济学中的主流意见，抑或是马克思主义经典理论，都无一例外地支持农业规模经营。只有舒尔茨（1964）坚持传统农业中的农民并不愚昧落后，认为小农生产能够充分地分配协调各投入要素，生产效率已经达到了最优，重新对这些要素进行配置并不会提高生产率。

关于农业规模经济理论的产生和发展，国外最早是从规模经营的研究开始的。早在17世纪，著名的经济学家威廉·配第（1672）发现土地产出率在一定的规模下都有一个最大限度，超过这个限度后土地产出率就不可能随其他投入的增加而提高了。因此，他在1672年所著的《政治算术》中提出了关于"报酬递减"的初步模型。在18世纪末期规模经营作为经济问题开始提出。大批古典经济学家开始对土地报酬递减进行研究，农业经济理论体系在古典政治经济学发展的基础上作为相对独立的学科产生，农业规模经济问题的研究开始展开。

英国古典农业经济学家阿瑟·杨（Arthur Yung）在其1770年出版的《农业经济论》中以追求利润最大化为目标的资本主义农业企业为研究对象，认为要获得最佳的经济利益必须使农业企业内部各要素之间保持合适的比例，并认为资本主义大农场调整速度快，因而优越于传统小农经济。18世纪中叶，魁奈就法国农业经营情况进行分析后认为大农业比小农业具有优越性。法国重农学派的代表人物杜阁于1766年在其著作《关于财富的形成和分配的考察》中，从投资和劳动等要素的增减变化分析描述了报酬变化的规律及要素最佳投入量的选择问题。亚当·斯密（1776）也注意到农业生产中的规模报酬现象，并在《国民财富的性质和原因研究》一书中提出分工是劳动生产上最大的进步，通过提高工人的劳动熟练程度可以大大提高劳动生产率，而劳动分工的基础就是规模生产。

20世纪初关于规模经济问题开始以微观经济学的角度对独立经营实体单位进行系统研究。对规模经营研究的主要内容包括生产规模与经济效益的关系，具体研究规模经营的评价指标和评价方法，不同经营活动下最佳规模效益的测定等。通过研究规模经营（scale management）与规模经济（economies of scale）、规模报酬（return to scale）等的特点和联系，阐明和探讨经济活动中各种生产要素组合在不同量和不同组合方式下获得效益的情况。

马克思（1867）在《资本论》① 的第一卷中，对社会劳动生产力的发展进行详细分析，认为大规模的生产与协作是其发展的前提。通过大规模生产能够提高劳动生产率，促进农业机械作业和现代技术的采用，使用先进的生产工具进行大规模经营才能降低农业生产成本，而小农经济在激烈的市场竞争中最终会被大规模的农场取代。因此主张用社会主义的大规模生产取代资本主义小规模的农业生产，发展农业的规模经营。另一方面，马克思还指出扩大生产规模有利于实现下列目标：一是达到从生产到销售一体化的联合，实现资本的扩张；二是能够降低农业生产成本。

阿尔弗雷德·马歇尔（Alfred Marshall）、张伯伦（E. H. Chamberin）和罗宾逊（Joan Robinson）为代表的经济学家从企业生产的角度分析规模经济的起源。他们主要从大批量生产中揭示经济性规模。阿尔弗雷德·马歇尔在1890年所著的《经济学原理》一书中指出，工业大规模生产的利益在于各专项工作的进一步划分，还论述了规模经济的来源主要分为“内部规模经济”和“外部规模经济”。马歇尔（1890）认为企业的规模经济是由于该企业生产组织通过优化资源配置等技术手段形成的“内部规模经济”和由于一些企业之间因有效的分工与联合、科学合理的地区布局等所形成的“外部规模经济”。新古典经济学派则从生产的边际成本出发，认为只有当边际收益等于边际成本时，企业才能达到最佳规模。

国外将规模报酬理论主要分为规模报酬递增、规模报酬不变和规模报酬递减。随着生产规模的不断扩大，规模经济报酬将依次经过递增、不变和递减三个阶段。规模报酬递增的原因有劳动分工、资源的集约化、资源配置效率的提高和较强的讨价还价能力。规模报酬递减主要是由产量增加的比例小于生产要素投入增加的比例直接造成的。关于规模报酬递减的原

① 马克思：《资本论》（第二卷），人民出版社2004年版。

因，一是随着厂商生产规模的扩大，由于受到如地理位置、原材料供应、劳动力市场等多种因素的限制，可能会导致厂商在生产中的投入要素无法得到满足；二是随着生产规模的扩大，对内部的监督管理、信息传递等机制要求更高，过大的规模会使企业容易错过有利的决策时机，在管理效率上也会有所下降，从而导致生产效率下降。此外，马歇尔在著名的“马歇尔冲突”（Marshall's dilemma）中指出，由于企业规模过大所形成的垄断组织，将使市场失去“完全竞争”的活力，而且还会对市场价格进行破坏。在这之后，英国经济学家罗宾逊和美国经济学家张伯伦在“马歇尔冲突”的基础上提出了垄断竞争的理论，进一步补充传统规模经济理论。

1.2.2 国外关于农业规模经营的实证研究

农业经营规模的实证研究大多考察的是经营规模与土地生产率的关系。较多的学者认为土地流转促进土地规模经营，从而带来规模经济和效率的提高。亨瑞克（Tan. S. Heerink，2008）基于江西省东北部 331 个水稻种植户的调查数据进行研究，发现扩大种植规模能够降低单位产量成本，每增加 1 亩种植面积就能降低 1.4% 的单位产量生产成本。早见雄次郎（Yuijor Hayami）和拉坦（Vermon W. Ruttan）对全球 43 个国家在 1960～1980 年 21 年间的数据资料进行农业生产函数分析。结果表明，21 个发达国家（人均收入在 4 000 美元以上）具有显著的规模效益，而 22 个不发达国家（人均收入在 4 000 美元以下）没有规模效益。特斯法耶和阿杜尼亚（Tesfaye and Adugna，2004）经过实证研究认为，农户土地经营规模的扩大与土地质量呈反向关系，与家庭农业劳动力以及牲畜饲养量呈正向关系。苏布拉塔·加塔克和肯恩·英格森特（Subrata Ghatak and Ken Ingersent，1987）认为小农场只在劳动力剩余时期以及技术停滞的传统农业时期是“更具效率”的，因而在现阶段大农场生产更富有效率，主要原因是其在利用固定资本方面具有优势。

但是也有不少学者认为农业经营规模与土地产出率成反比，即小规模农业经营户的土地产出率高于大规模经营户的土地产出率。伯纳姆和斯夸尔对印度进行的典型调查发现，3.55 公顷以下规模的小农场比 3.55 公顷以上的大农场每公顷的产量多 0.09 吨。尤特普勒斯和纽金特（Yotopoulos and Nugent，1976）认为农业技术通常具有规模收益不变或递减的特点，因此大规模土地集中生产不一定能够实现农业生产规模效益递增。贝利和克莱恩（1979）对巴西、菲律宾等六个国家的研究表明，农场经营规模与土地单产之间存在着反向的关系。另外，基思·格里芬（1992）经过调查研究也得出，劳均产出随农场规模扩大而增加，单位面积产出随农场规模的扩大而减少的结论。

在研究方法上，国外应用于农业规模经济的研究方法主要有：边际分析方法、统计回归方法、成本函数方法、比较分析方法、线性规划方法以及系统优化方法等。当然，这些方法各有利弊，边际分析方法的主要优点是精确，缺陷是假设前提与实际不太一致，而且数据处理难度大。线性规划方法相对于边际分析方法数据处理较为简易，但其线性假设同样存在与实际不相符的缺陷。统计回归方法也具有分析不精确的缺点。比较分析方法虽然应用直观简便，但它只能用于静态分析，同样存在分析不精确的缺点。

1.2.3 国内关于农业适度规模经营的理论研究

中国作为一个农业大国，粮食安全问题是农业生产的核心。对于我国粮食安全的保障，刘旭（2013）认为，应通过科技支撑提高作物生产潜力、建设 10 亿亩高标准永久粮田、恢复南方生产和突破重点区域、制定并启动玉米国家发展规划以及整建制地推进高产创建等方面提高我国粮食供给能力。潘岩（2009）则提出了加强农田水利设施建设、大力实施测土配方施肥技术、扩大和调整种粮补贴政策的内容与范围等，提高粮食综合生产能力。无论是在科技的推广应用还是在水利设施、高标准农田建设方面，生产积极性已经下降的传统小农生产显然成为我国发展农业现代化的制约。农业适度规模经营是相对于传统的小规模、自给半自给农户家庭经营提出的，具有经营规模较大、劳动生产率较高、商品化程度高等特征，且具有较高的物质技术装备水平和经营管理水平（张照新、赵海，2013），对国家科技创新技术的推广应用以及大规模的水利和农田建设具有重要的意义。

关于农业适度规模经营的内涵，有学者指出，农业适度规模经营是在一定的经济、技术和自然条件下，农户通过合理利用和组合各种生产要素获得最佳经济效益的一种经营方式（杨素群，1998）。同时，农业经营的适度规模是与自然、经济、社会、技术条件相适应的，受资源禀赋、经营环境（经济发展水平、农业社会化服务体系完善程度、风险和不确定性因素、政策性配套措施、其他社会经济条件）、生产力水平、劳动者素质等多种因素的影响（张侠、葛向东，2002）。

规模经济理论是适度规模经营成立的基础。适度规模经营是在既定条件下，通过对生产经营单位规模的适度调节扩大，使土地、劳动力、资本等生产投入要素合理配置，从而达到最佳经营效益的活动（许庆、尹荣梁，2011）。在我国农业生产中，规模经济产生的原因同样分为内部和外部两个方面，内部规模经济的存在主要是由农户种植面积的扩大、生产要素投入同比例变化、零散土地改整等要素调整的情况所导致，外部规模经济主要是由生产基础设施、市场集聚程度、产业关联等的效益流入所致（蔡昉、李周，1990）。关于农业适度规模的选择，应有以下几个参考标准：一是农民的生产积极性如何，是否具有较高的土地生产率；二是农户的家庭收入是否主要来自于种植业；三是同等劳动力条件下，种植农户的收入水平是否与当地非农产业收入水平相一致（朱希刚，1989）。在单位产品成本没有下降甚至有所提高的情况下，只要农户总的纯收益增加幅度大于单位产品成本上升的幅度，农民还是愿意继续扩大规模。

总的来说，我国农业适度规模经营的基本内涵应包括以下几个内容：适度规模经营的核心是经济效益最大化；适度规模的要素包含着多种内容，除了土地之外，资本、劳动和技术都是衡量适度规模的重要因素；适度规模的原则是生产要素的充分利用和优化组合（潘朝辉、杨怀宇，2007）。

需要指出的是，农业适度规模经营形式不仅局限于土地的集中经营，而应是多种经营的方式，适度规模经营应根据不同地区的实际情况、不同的历史时期以及经营主体的主观条件来判断“适度规模”的数值界域，因而“适度”是一个动态的概念（蒋和平，2013）。

农业生产以及消费需求决定了我国发展农业适度规模经营的必要性。从促进农业生产的角度看，种植业特别是粮食产业由于效益比较低，一直是我国农业生产的薄弱环节，发展农业必须对粮食生产给予更多的关注（杨国玉、杨秀英，2005）。从当前粮食供求角度来看，短期内我国粮食安全没有重大问题，但随着我国人口年龄结构及就业结构变化速度的减缓来看，人均粮食消费的需求增长速度有可能迅速增加（钟甫宁，2011），我国长期粮食安全形势十分严峻（邓大才，2012）。

面对粮食生产的制约因素，一部分学者支持粮食适度规模经营，认为推行农业规模经营势在必行。长久以来我国都呈现农业竞争力低下和农民弱势特点的主要原因在于农业经营规模太小，过小的农地规模使农业与其他产业相比效益低下，一部分农民选择投入到第二、第三产业经商或者务工谋取生计，这也为土地实行适度规模经营创造了条件（梅建明，2002）。黄祖辉、陈欣欣（1998）通过对宁波、嘉兴等地 28 个规模经营农户的样本资料研究，认为农业规模经营会带动劳动生产率提高。宋伟等（2007）运用偏相关理论对江苏常熟地区的规模经营进行分析后，得出农业规模经营对新技术的采用会带来农户预期净收益的增加，使农户对提高农产品产量的生产积极性增加，农业规模经营能够显著提高单产（两者偏相关系数为 0. 331）的结论。尤其是在经济偏发达地区，人多地少且资金实力雄厚，往往适合发展具有较高生产力的农业适度规模经营，实现农业现代化（黄祖辉，1996；朱文强，2006）。黄季焜、马恒运（2001）以及许庆等（2011）认为，农业规模经营的推行可以有效地降低农产品的生产成本。彭群（1999）认为，扩大农业经营规模要在坚持家庭经营的前提下通过农户的合作实现。此外，日本、美国、加拿大等国家的土地经营规模也有不断扩大的趋势（梅建明，2002）。总之，经营规模的扩大是发展现代化农业的必然要求（柯炳生，2000）。

在农业规模化经营推行的初期，国内很多学者就对“农业规模经营”问题提出了异议，认为农业规模经营在中国不易发展。原因包括：第一，中国是个人多地少的国家，人均耕地少，并且很难集中；第二，农产品的低需求弹性决定了农户进行规模扩张的市场动力不足（张德元、钱海燕，2003）；第三，规模经营是用高投入换取高产出，高投入的主要后果就是石油、农药等能源和化学产品的大量消耗，会给当地带来更严重的环境污染和生态问题，巨额的农业支持投入也会给政府带来沉重的财政负担（宋亚平，2013）；第四，中国的土地流转制度问题、劳动力就业问题等还没有完善的解决机制。还有学者认为，中国现阶段不具备扩大农地规模经营的条件，把农业规模经营作为中国农业现代化的道路选择是值得商榷的，如万广华和程恩江（1996）、任治君（1995）、罗必良（2000）、卫新等（2003）、李谷成（2010）、王建军（2012）等。政府应运用宏观调控功能，加大对农业的支持和保护，引导农业形成产业集群，从外部规模经济提升农户的农业经营效益（彭群，1999），而不是一味地追求规模经营。

当然，每一项事物的发展都伴随着利弊的权衡，国内各学者对于农业规模经营的看法也是仁者见仁，智者见智。但不可否认的是，农业适度规模经营可以节支增效、提高劳动生产率，进而增加农户收入、增强农产品的市场竞争力，其在降低农业物质资料成本和单位农产品的人力管理成本方面也有不可比拟的优势（孙自铎，2001）。尤其是在我国发展农业现代化的大背景下，进行农业规模经营是一种必然选择。

发展农业适度规模经营应结合我国国情，不能盲目推进。黄宗智、彭玉生（2007）从农业史的研究角度指出中国当前正处于农业变革时代，大规模非农就业的持续上升、人口自然增长的持续下降以及食物消费和农业结构的持续转型形成三大历史性变迁的交汇点，这一变迁过程将改变传统的要素配置方式，使农业适度规模经营成为可能。我国的农业适度规模经营应通过在一定土地规模下适当增加资金、劳力和技术的投入，以获取最大的土地产出率和劳动收益（杨素群，1998），这种内涵式的、与集约化经营相结合的规模经营在中国的农业发展中更有应用价值（张晓山，2006）。关于农业规模经营的发展条件，一部分学者认为不能通过简单的土地归并来实现规模化经营（张晓山，2006），应首先实现土地经营权的顺利流转的内部条件，其次实现农业剩余劳动力的大力转移和非农产业发展的外部条件（潘朝辉、杨怀宇，2007）。刘兆军（2009）认为，土地规模经营开展较好的地区基本都具有以下优势：当地的农村劳动力向非农产业转移比例较大，具有一定的经济实力，农业服务体系较为健全，机械装备和作业能力较强，更重要的是农民有流转承包地的实际需求。此外，农业规模经营还受技术供给、社会化服务发展的程度，以及个人经营管理能力等发展条件的限制（孙自铎，2001）。总而言之，发展农业适度规模经营是符合我国国情、符合发展农业现代化的必然选择。

1.2.4 国内关于农业适度规模经营的实证研究

1. 农业适度规模经营主体的研究

伴随着我国工业化、城镇化进程的加快，农村劳动力开始向城镇以及非农产业大量转移，农业劳动力女性化和老龄化趋势严重，形成土地粗放经营、复种指数下降、耕地抛荒等现象（朱启臻、杨汇泉，2011），引起社会对“谁来种地”问题的关注。

中国农业经营主体在家庭联产承包责任制实施初期还是以相对同质性的家庭经营农户占主导，发展到现阶段已经转变成包括传统农户、专业大户、家庭农场、农业企业以及农民专业合作组织等多类型经营主体并存的格局（许庆，2011）。本书的农业经营主体包含了家庭农场、农业企业、专业大户以及农民专业合作组织等新型农业经营主体以及传统小农户。新型农业经营主体是相对于传统的小规模、自给半自给农户家庭经营提出的，具有经营规模较大、劳动生产率较高、商品化程度高等特征，且具有较高的物质技术装备水平和经营管理水平（张照新、赵海，2013），是实现规模经济和土地产出率并重的一种适度规模经营方式。

与新型经营主体相比，我国传统意义上的农户具有规模小、半自给、家庭经营的特点。传统小农户经营在工业化、城镇化快速推进的背景下，农业劳动力呈现“高龄化、女性化、低文化”特征，生产经营出现“兼业化、副业化、粗放化”趋势（孙中华，2012）。

关于家庭农场的定义，按照农业部在《关于开展家庭农场调查工作的通知》中的指示，家庭农场是指，以家庭成员为主要劳动力，从事农业规模化、集约化、商品化生产经营，并以农业为主要收入来源的新型农业经营主体。而粮食种植家庭农场则被定义为以本地农户为生产单位，以家庭人员耕作为主（自耕），在适度规模的土地上从事粮食生产的农业生产经营主体（中共松江区委员会、松江区人民政府，2013）。

关于家庭农场的认定标准，一般来说应满足以下条件：一是土地达到一定规模；二是家庭中至少有一位成员务农；三是租地期限达到一定的长度；四是家庭农场主具有农业从业资格或资历；五是经过注册登记；六是有一定的农业装备水平；七是进行一级核算，流转土地后不能进行二次发包（楼栋，2013）。而彭克强（2013）指出，家庭农场是以家庭为经营单位进行集约化经营的农业企业，其经营者不应限定为非城镇居民，不应限定其雇工人数，其农业经营是以盈利为目的，不应提出“农业净收入占家庭农场总收益的80%以上”的经济指标，其经营规模可大可小。并指出日本85%的家庭农场规模小于2公顷，鉴于我国人多地少的国情，应提倡设立小型家庭农场。

家庭经营是家庭农场的存在优势，李红和苏杰忱（2000）认为，农业劳动时间同生产时间不一致的特点、我国的国情及家庭经营自身的特性决定了农业家庭经营存在的长期性。许莹（2006）认为家庭农场是现代农业的一种有效经营方式，家庭经营的农场在发展初期可能规模较小，但是经过一段时间的积累，其经营规模便可逐渐扩大，最终形成企业化经营；同时，家庭农场以家庭为经营单位，既符合家庭联产承包责任制的精神，又调动了农民的种地积极性，是对家庭联产承包责任制的深化发展，作为一种农业经营方式，家庭农场与现代农业具有一致性。

专业大户经营重塑了农户家庭的市场主体地位，改变过去小规模经营时生产主体的单一功能，开始集生产主体、市场主体、投资主体、决策主体于一身，独立自主地参与市场竞争。从促进农业生产角度看，农业经营大户是农业规模经营的主要方式，而粮食种植大户是大田粮食生产发展的主要模式（杨国玉、杨秀英，2005）。根据李晓明和尹梦丽（2008）对安徽省种粮大户发展情况的调查，种粮大户产量明显高于普通农户，大户普遍有进一步扩大经营规模的欲望。

农民专业合作社是指农民在家庭承包经营基础上按照自愿联合、民主管理原则组织起来的一种互助性生产经营组织。通过农户间的合作与联合形成的农民专业合作社，不仅解决了传统农户家庭单独经营存在的规模不经济性，还以技术和资金等合作的方式提升了农户生产的集约化水平。农民专业合作社还具有组织大户、带动散户、对接企业、联结市场的功能，是提升农民组织化程度、引领农民进入国内外市场的主要经营组织（张照新，2013）。专业合作经济组织经营方式一般存在于水果、蔬菜、乳业、肉类等特种种植、养殖领域内（杨国玉、杨秀英，2005）。合作社进行土地流转一般有三种形式：一是农民专业合作社直接流转农户土地进行规模经营，在实践中农机专业合作社通过成片流转土地进行大规模的农业生产属于此种类型；二是通过农民土地入股成立土地股份合作社的方式实现土地流转；三是以村为单位成立合作农场进行统一经营。专业合作社的入股要素，除了土地外，还可以是资金等其他要素（魏玉峰，2009）。

农业企业（龙头企业）是以现代企业经营方式从事商业性农业生产及相关活动，实行专业分工协作，并独立经营、自负盈亏的经济组织（楼栋、孔祥智，2013）。特点是在农业生产过程中主要发展农产品加工或流通，以订单合同、合作等方式带动农户进入市场，实现集生产、加工、销售于一体的全产业链发展。龙头企业与其他新型农业经营主体相比，在资金实力、生产技术以及现代管理方式方面具有不可比拟的优势，能够迅速掌握市场信息，在实现与现代化大市场直接对接方面具有绝对优势。龙头企业应在农业产业链中重点发挥农产品加工和市场营销的作用，也可为农户提供产前、产中以及产后所需的各类生产性服务，但不宜长时间、大面积租种农民土地直接耕种（张照新，2013）。

总的来说，与传统小农户相比，新型农业经营主体在经营规模、辐射带动、盈利能力、资金来源、市场导向、产品认证、品牌建设、销售渠道等方面具有明显优势（黄祖辉、俞宁，2010）。

2. 农业适度规模的实证研究

关于适度规模的实证研究，国内学者研究众多，判断适度规模的标准基本分为土地产出最大化、综合效率最大化等基于宏观视角的土地产出标准，以及家庭收入最大化、农业收入最大化等基于微观视角的收入标准。现有研究基本考虑到耕地资源禀赋、地形、机械化程度、劳动力转移程度以及农户家庭收入等对规模经营程度的综合影响。按照生产效率最优原则，许海平（2012）研究得出海南地区橡胶的最优种植规模是800～1 333公顷；屈小博（2008）得出陕西地区苹果的最优种植规模应为0.3～0.5公顷。按照收入最大化标准，杨钢桥（2011）通过对湖北六县研究得出户均2.5公顷左右是粮食最优生产规模；而张丽丽对河南、山东、河北研究得出8.3公顷是小麦的最优规模，韩啸（2015）认为户均3.16公顷是湖北、江西的最优农业生产规模；柯福艳（2015）对浙江省蔬菜生产研究得出5～9公顷为最优规模。不同的作物种类的规模差异较大，因而农户规模经营的大小除了受到地理区域、气候、机械这些因素影响外，还与种植作物的种类以及复种指数有着密切的关系。

表1－1　　　　农业适度规模经营的实证分析

学者	年份	作物种类	复种指数	地区	测评视角	最优规模（户均）
张丽丽	2013	小麦	200%	河南、山东、河北	农户收益最大化	8.3公顷
张忠明	2008	玉米	100%	吉林	农户收入最大化	75～80亩
倪国华	2015	粮食	100%～300%	除西藏外的31个省、市、自治区	劳动禀赋利用最大化	131～135亩
韩啸	2015	水稻	200%以上	湖北、江西	农业收入最大化	3.16公顷
柯福艳	2015	蔬菜	200%以上	浙江	单位面积收益最大化	2.37～3.72公顷
					农户收益最大化	5.39～9.52公顷
屈小博	2008	苹果		陕西	生产效率最优	0.3～0.5公顷
许海平	2012	橡胶		海南	生产效率最优	800～1 333公顷

资料来源：根据中国知网文献整理得到。

关于耕地规模与农业生产效率的研究，黄祖辉（1998）通过对浙江宁波、嘉兴、诸暨、乐清、萧山的28个不同粮田经营规模农户的样本资料进行统计得出，粮田规模经营所带来的农业机械热能够加快资本对劳动的替代进程；兼业程度仍与土地经营规模成反比，并且认为决定土地生产率和平均成本的似乎不是粮田的经营规模，而是技术配备、要素价格、外部条件差异和经营者本身的素质等结论。刘凤芹（2006）从单位产量、总收入、劳动力贡献、农业机械贡献、化肥与生物技术、经济组织的性质6个方面分析了土地规模经营的效果。

交易费用与管理成本两大因素也是决定农业经营规模效率的主要影响因素。罗必良（2000）从组织效率角度分析农地经营规模与效率的关系，对决定农业组织效率主要影响因素设置了7个维度：生产函数、交易费用、内部管理成本、外部性、资产专用性、垄断利润和公共物品性，并结合农业的产业特点、资产专用性、市场交易特征、组织管理费用、垄断利润5个方面分析农地经营规模与效率的关系，得出农业并不存在显著的规模经济性。李晓明（2008）通过对粮食规模经营的调查发现，种粮大户产量显著高于普通农户，且大户普遍有进一步扩大经营规模的欲望。农户还会在不降低土地生产率的情况下，以扩大经营规模的方式提高农业劳动生产率，增加农业经济总收入，使农业收入达到或超过当地就业收入水平以及从事其他行业的收入水平（许宏等，2009）。

耕地规模与农户农业经营效益有着密切的关系。卫新等（2003）通过对浙江农户土地规模经营进行实证分析发现，耕地规模与农户经营效益密切相关，把握好规模的适度性是实现和提高农户农业经营收益的关键。张群（2012）从农民收入方面考察农村居民收入水平与农村居民家庭土地经营规模关系，发现二者之间有显著的“V”形区间效应，而目前我国的农村居民收入水平已经达到了“V”形曲线的右半段，即农村居民收入水平的提高能够有效带动农村居民家庭土地的规模经营。因此，提出可以通过提高农民收入加快土地流转来实现农村家庭土地规模经营的策略。

在农业适度规模经营中，农户更多考虑的是总纯收益的增加。在企业生产中，企业将生产成本曲线中“边际成本＝边际收益”这一时点作为最佳规模点。但与企业不同，农户很少考虑到劳动力投入会随经营规模的扩大而增加，较之企业的边际生产分析方法，农户更多考虑的是总纯收益的增加。在农业生产过程中，只要总纯收益提高，即便是单位成本并未降低，农民依然愿意扩大生产规模（朱希刚、钱伟曾，1989）。此外，杨群义（2015）采用量本利法，以家庭农场实现盈利点和盈亏平衡点分析家庭农场适度经营规模。张侠和葛向东（2002）从我国推行适度规模经营的条件和土地经营适度规模的影响因素入手，在全国30个省份的数据基础上分析农业经营规模，通过实际生产过程中种植业的实际劳动力投入量，测算出劳均10.13亩、户均25.23亩为当前经营环境和生产力水平下土地经营的适度规模。

农业适度规模经营的影响因素主要是从外部因素和内部因素进行研究。郑建华和罗从清（2005）、张忠明（2008）从影响农业适度规模经营的外部因素分析，认为农民的“恋土”情结束缚、区域经济发展水平、农村劳动力素质、土地流转机制、农业比较利益低下、农业经营者老龄化、农村社会保障以及户籍制度、农村社会化服务体系、农业生产资料成本投入不断增加以及就业和收入来源多元化直接影响到农民土地规模经营意愿。

土地规模的扩大离不开土地流转的顺利进行，土地流转是农户农业适度规模经营的重要影响因素。李启宇（2010）以成都和重庆两市农村地区农户问卷调查为基础，通过建立 Logistic 回归模型对流转意愿及影响因素进行分析发现：农地流转价格、有无农地流转中介、有无政府补助购买社会保险对农户农地转入及转出意愿都影响显著，除此之外，不同区域经济发展水平对农户农地转入意愿影响显著，家庭收入及构成对农户农地转出意愿影响显著。田凤香（2013）对土地适度规模经营所受到的制度性因素：户籍、农村土地流转、农村社会保障和农村金融等制度因素进行了分析，并有针对性地提出了促进土地适度规模经营的相关制度性对策。许庆（2011）经过调查研究得出：每增加一亩地的经营面积所带来的成本降低效应在2%~10%之间，并认为成本降低与经济效益提高是一致的，农民为了增收会进一步扩大经营规模，在土地资源稀缺的情况下，会促使农户追求单位面积上土地收益的最大化。因此，政府实行适度规模经营的目标与农民增收的目的出现了交集。

农户家庭因素对农业适度规模经营有显著的影响。林善浪等（2011）从家庭生命周期的角度出发，运用 Probit 模型对福建地区农村农户土地规模经营的影响因素进行实证分析，结果显示：家庭生命周期对农户土地规模经营具有显著的影响，成长中的核心家庭土地规模经营的意愿最强，扩大家庭的土地规模经营意愿最弱。刘琦（2012）指出，中国农村家庭人口由数量偏好转向质量偏好，农村人力资本水平提升为土地规模化经营和管理提供了最关键的条件。黄延廷（2012）指出，农户兼业严重制约着我国农地规模经营的发展，农户兼业中具有农业总体综合收益较高、农民非农就业的人力资本积累门槛较低、农业经营性经济效益较低、农民城市就业极不稳定的特点，这些都严重制约着我国农地规模经营的发展。

3. 计量分析方法的选择和分析

对农业适度规模经营影响因素的分析。贺亚琴和冯中朝（2012）利用我国冬油菜主产区13个省市118个油菜大县2138个农户的实地调查数据，采用生产成本模型考察农户油菜生产规模经济，实证研究表明：农户扩大油菜生产规模能显著降低单位产品的生产总成本。许庆和尹荣梁（2011）采用超越对数（Translog）模型从投入产出角度测算出粮食生产规模报酬的情况。刘玉铭（2007）使用黑龙江各地区数据对农业规模效益进行研究，得出黑龙江农业经营存在规模效益，规模效益与机械先进化程度、经营模式密切相关，并且与农业社会化服务体系是否适应农户规模有一定的联系，因而是一个动态的概念，种植结构调整、时间趋势等对于产出效率亦有积极的促进作用。林善浪等（2011）采用Probit模型对福建地区农村农户土地规模经营的影响因素进行实证分析。胡初枝（2007）以江苏省铜山县为例，采用多元回归函数，对农户土地经营规模与农业生产绩效之间的影响进行分析。薛凤蕊（2010）采用DID模型对参加土地规模经营的农牧民和未参加土地规模经营的农牧民的收益情况进行比较分析，研究土地规模经营对农牧民收益的影响情况。

表1-2　　对农业适度规模经营影响因素的分析

学者	年份	方法	内容
刘玉铭	2007	混合估计、固定效应模型、随机效应模型和GLS模型	对农业全要素生产率的影响因素进行分析
胡初枝	2007	多元回归函数	农户土地经营规模与生产绩效间的影响分析
薛凤蕊	2010	DID模型	分析土地规模经营对农牧民收益的影响
林善浪等	2011	Probit模型	从家庭生命周期的角度出发，对福建地区农村农户土地规模经营的影响因素进行实证分析
许庆、尹荣梁	2011	超越对数（Translog）模型	从投入产出角度测算粮食生产规模报酬
贺亚琴、冯中朝	2012	生产成本模型	冬油菜主产区经营规模扩大对农业收益的影响

资料来源：根据中国知网文献整理得到。

一些专家对户均、劳均规模进行测算得出农业生产最优规模。穆月英（1996）对辽宁省海城市家庭农场的规模问题进行了研究，她按照土地面积把家庭农场分成了五个规模组，运用 Cobb-Douglas 生产函数模型方法确定海城市种植业家庭农场的适宜规模，指出 54 亩是海城市家庭农场适宜规模的上限值。倪国华和蔡昉（2015）采用固定效应模型对我国 5 年的农村住户调查面板数据进行测算，拟合出家庭农场和种粮大户的最优土地经营规模，最优粮食播种面积（含复种面积）分别为 234 亩和 236 亩的研究结论。钱贵霞（2004）采用农户土地规模经营决策的计量经济模型最终得出：粮食主产区农户户均经营的最优土地面积是 67.81 亩/户，最优劳均土地经营规模为 26.32 亩/人，户均最优劳动力数量为 0.49 人。张忠明（2008）采用数据包络分析法（DEA）对吉林省玉米进行效率测算，得出 75 ~ 80 亩是适度规模。黄新建等（2013）对江西省的研究认为，结合单产和亩均纯收益两个指标，确定 71 ~ 150 亩是适度规模，可以实现宏观目标和微观目标的有机结合。钱克明（2014）结合城镇居民家庭人均可支配收入以及每亩粮食生产纯收益，按照户均 3.1 人计算得出，要保证种粮大户家庭收入与城镇居民基本一致的情况下，北方的适度规模是 120 亩，南方的适度规模为 60 亩。

表 1 – 3　粮食生产最优经营规模的分析

学者	年份	方法	内容
穆月英	1996	Cobb-Douglas 生产函数模型	研究辽宁省海城市种植业家庭农场的适宜规模，54 亩是上限值
钱贵霞	2004	农户土地规模经营决策模型	粮食主产区农户户均经营的最优的土地面积是 67.81 亩/户
张忠明	2008	DEA 方法	得出吉林省玉米生产的适度规模为 75 ~ 80 亩
黄新建等	2013	土地收益率	家庭农场的土地适度规模为 70 ~ 150 亩
钱克明	2014	城镇居民家庭人均可支配收入及每亩粮食生产纯收益	北方的适度规模是 120 亩，南方适度规模为 60 亩
倪国华和蔡昉	2015	固定效应模型	得出种粮大户的最优粮食播种面积（含复种面积）分别为 234 亩和 236 亩的研究结论

资料来源：根据中国知网文献整理得到。

对农业生产规模效率的分析，主要形成了两大类对技术效率的测度方法：一类是参数方法；另一类是非参数方法。其中，参数方法主要包括确定性前沿生产函数分析方法、随机前沿法（Stochastic Frontier Analysis，SFA）、修正最小二乘法；非参数方法主要是数据包络分析法（Data Envelopment Analysis，DEA）。田维明（1998）、张雪梅（1999）以及亢霞、刘秀梅（2005）等采用随机前沿法测算了我国农业全要素生产率，成果表明在中国农业中投入要素的贡献已经很小，但提高技术效率仍是增加粮食产量的一种现实选择，并且提出扩大土地经营规模和调整农业生产结构。相比 SFA 方法，数据包络分析法不需要设定基本的函数形式，同时可以考虑多种投入和多种产出，因此在效率测度方面具有明显优势。目前在粮食生产效率领域，应用 DEA 方法的测算则较多。张忠明（2008）、吴桢培（2011）分别采用数据包络分析法对吉林省玉米和湖南省水稻进行了效率测算。全炯振（2010）通过使用部分要素生产率指标（土地生产率和劳动生产率）对中国农业的增长过程进行了分析，发现中国的土地生产率的增长速度明显快于劳动生产率的事实。

表 1-4　　粮食适度规模经营生产效率的分析

学者	年份	方法	内容
田维明	1998	SFA 方法	我国农业全要素生产率
张雪梅	1999	SFA 方法	玉米生产效率分析
亢霞、刘秀梅等	2005	SFA 方法	粮食生产技术效率
张忠明	2008	DEA 方法	吉林省玉米种植规模效率
全炯振	2010	土地生产率和劳动生产率指标法	中国的土地生产率与劳动生产率的比较
吴桢培	2011	DEA 方法	湖南省农户水稻生产效率

资料来源：根据中国知网文献整理得到。

1.2.5 总结与评价

纵观国内外学者的研究成果，可将其分为农业适度规模经营的理论研究、农业生产的最优经营规模研究、农业适度规模经营主体的研究以及农业适度规模经营效率的研究四大方面。国外有关粮地经营规模的理论研究表明，规模经济与规模报酬理论是研究农业经营规模的前提，以土地规模为基础的粮食生产存在着经营规模的经济性。

国内以耕地规模为主线对农业适度规模经营理论的研究大概分为三个阶段：适度规模经营的含义是什么，我国为什么要发展农业适度规模经营，怎样实现农业适度规模经营。国内有关农业适度规模经营的研究表明：不同作物品种的生产程序及投入产出并非一致，应分别对应不同的经营规模；不同农业经营主体具有不同的特点，在农业生产过程中发挥的作用也各不相同；农业经营规模的扩大有利于农业生产效率的提高，但有的专家认为二者相关性不大，甚至是负相关关系。

在粮食适度规模经营的研究中，国内学者大部分是对全国层面的粮食生产进行笼统分析，并未给予相似发展条件地区特定粮食品种以深入的调查研究。关于农业适度规模经营的研究还有待进一步深化。

第一，粮食生产中的规模经济是在不断变化的，随着生产技术水平和粮食生产成本收益的变化，还需要对粮食生产规模经济的变化趋势进行更进一步的探讨和研究，以实现对粮食适度规模经营的更深层次的挖掘和分析。

第二，从经营主体层面出发对粮食规模经营的定量研究虽已有一些，但是在粮食生产规模方面各经营主体之间的比较以及发挥的作用有待进一步研究。

第三，在粮食适度规模经营中政府追求粮食产量，农户追求最大收益，如何对二者进行协调在现有文献中还没有很清晰的给出解决方案。国家应从哪些方面对经营主体进行扶持，如何做出与粮食适度规模经营相匹配的政策组合和社会化服务支持系统等还有待进一步研究。

第四，目前关于黄淮海地区的适度规模研究较少。黄淮海平原是我国重要的粮食安全保障区域，而其小麦玉米轮作的生产方式也非常适于大田作物的机械化和规模化应用，至少对于人多地少、交通便利的中部平原来说，发展适度规模经营有利于解放当地农业生产力、提高种粮农户收入，有利于科学施肥、高效节水等现代化生产技术的推广和实践。

因此，针对上述存在的问题，本书从经营主体出发，探索不同经营主体的发展特点和规模情况，并以黄淮海地区为例，分析影响粮食主体经营规模的主要因素，对不同生产规模下粮食经营主体的生产效率进行测算，得出最优规模。从实现各经营主体的收益和国家粮食安全的角度出发，探索社会化服务、资源要素优化配置等实现路径，对实现粮食可持续发展、保障国家粮食安全具有较强的理论依据和决策参考。

1.3 研究目标与研究内容

1.3.1 研究目标

本书以黄淮海地区小麦—玉米种植户为研究对象，基于保障我国粮食安全和提高农户收入的适度规模经营发展目标，以粮食经营主体为切入点，从宏观粮食生产和微观农户收益角度，分析影响农户经营规模的主要因素，得出我国粮食生产的最优规模，提出实现粮食适度规模经营的政策建议。一是分析我国粮食生产及户均规模的变化趋势，归纳种粮农户的演变及分化，对比各类新型农业经营主体的发展和特点，评估各主体在粮食生产过程中发挥的作用，研究家庭农场及种粮大户等粮食适度规模经营主体的具体案例，分析案例主体的主要生产模式及具体生产行为，总结其在发展过程产生的问题以及对政策的需求，最终得出适合粮食适度规模经营发展的经营主体。二是探讨农业规模经营的“适度”机理，实证农户粮食经营规模的影响因素，研究不同规模经营主体的生产效率，得出粮食生产最优规模，结合粮食生产主体，为我国更好地实现适度规模经营提供对策。

1.3.2 研究内容

本书的讨论仅针对粮食生产，不包括粮食的加工、流通等环节。根据研究目标，拟从以下几方面进行研究：

第 1 章为导论部分。主要介绍本书的研究背景与意义，国内外专家学者对农业适度规模的理论与实证研究，本书的研究目标、研究内容、研究方法、技术路线及可能的创新点。

第2章介绍研究的相关概念与理论基础。主要对所研究的粮食经营主体及适度规模进行概念界定。理论基础包括土地产权理论、交易费用理论以及农业适度规模经营理论，这些都是构成粮食适度规模经营的分析基础。

第3章介绍我国粮食生产与规模发展的基本情况。具体包括粮食生产的波动、结构分布、生产阶段的划分、粮食户均种植规模的变化，以及粮食适度规模经营的必要性和判定标准。

第4章主要对我国农业适度规模经营主体的发展情况进行研究。包括分析全国层面以及黄淮海地区省级层面的新型农业经营主体的发展数量、规模、主要模式等，对比经营主体发展情况。用典型案例分析法对黄淮海地区河南、山东、河北三省具有代表意义的规模生产案例进行更深一步的研究总结，分析家庭农场和种粮大户作为粮食适度规模经营主体的优越性，及其在发展过程产生的问题以及对政策的需求。

第5章主要是对黄淮海地区农户粮食经营规模的影响因素进行分析。首先，采用 Pearson 相关性检验以及冗余分析，分别从收入因素、农户特征、产量因素以及投入因素等探讨影响经营规模变化的主控因。其次，结合当前出现的土地托管服务，分析其对我国粮食适度规模经营的作用和影响。最后，从政府及金融机构对农业生产的资金支持、农业科学技术的发展以及市场化程度的提升方面分析各因素对农业经营规模的影响。

第6章主要是黄淮海地区不同规模农户的粮食生产效率测度。以黄淮海地区实地调研数据为样本，采用聚类分析中的层次聚类法将不同规模农户划分为18个规模区域，运用超效率 SBM 模型测算不同种植规模粮食经营主体的综合效率，并对有效决策单元进行排序，选取最优规模区间，对非效率的规模给出改进的方向。

第7章主要是国外农业规模经营的经验与启示。以美国和法国为例，对美国农场的发展规模、结构特点及农场收入等问题进行分析，对法国粮食生产阶段及相应的支持政策进行分析，为我国推动农业适度规模的发展和政策引导提供经验和借鉴。

第8章主要是结合前七章的研究内容和结论，从加强对家庭农场以及种粮大户的培养、建立农村土地流转保障机制、统一进行农田基本设施建设、完善社会化服务体系、建立现代农村金融制度等方面提出相关对策建议。

1.4 研究方法与技术路线

1.4.1 采用的研究方法

1. 实地问卷调查与统计资料收集相结合的方法

为了掌握当前粮食适度规模经营的实际发展状况，本书拟对我国黄淮海平原地区不同规模的经营主体进行随机实地问卷调查，并在每个调研地区选取具有代表性的粮食经营主体进一步深度访谈剖析。此外，还对与本书研究相关的国内外文献及统计资料进行收集，更进一步充实文章的完整性和实证性。

2. 典型农户的案例分析

案例分析在寻找问题方面具有明显的优势，本书通过对黄淮海地区具有代表意义的典型案例进行研究，分析各经营主体在粮食生产中采用的模式、发展特点及其在发展过程中产生的问题以及对政策的需求。

3. 计量分析方法

本书在问卷调查的基础上，采用定量方法，运用 SPSS 软件，对各影响因素进行皮尔逊相关性检验（pearson correlation coefficient），得出 p-value 值，验证各因素的显著性。选择冗余分析（Redundancy Analysis，RDA），应用 Canoco 4.5 软件定量评估经营规模变量对农业收入以及粮食单位面积产量的影响。采用聚类分析法（cluster analysis）将农户家庭土地经营规模主要划分为 18 组决策单元，并通过 SBM（Slack-based Measure）模型对 18 组决策单元的相关数据进行效率核算，得出效率最优规模。

4. 比较分析方法

比较分析方法是本书运用的重要方法之一。包括对我国不同新型农业经营主体的发展模式和特点的比较，对全国层面及黄淮海地区新型农业经营主体发展的比较，以及对不同规模的粮食经营主体的效率比较，探寻粮食适度规模经营的变化规律。

1.4.2 技术路线

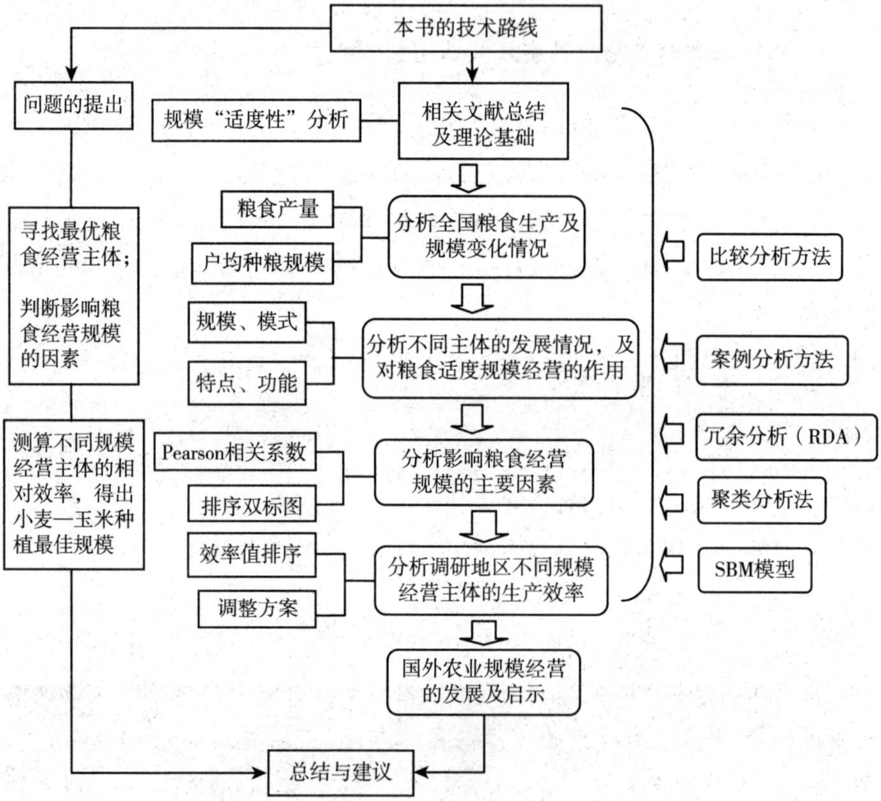

图1-1 研究技术路线

1.5 研究可能的创新点

自农业适度规模经营提出以来，各地的农业规模经营迅速展开，关于适度规模经营的探讨和研究也越来越多。但是在国内已有的研究中，大部分学者主要还是从宏观层面对农业适度规模经营的必要性、规模适度性以及影响因素等方面进行研究，而对新型农业经营主体以及特定品种的适度规模研究较少。

针对上述情况，本书的创新点为：

（1）以黄淮海地区小麦—玉米轮作种植户为研究对象，研究当地农户全年的作物生产情况，更全面地反映种植户的生产成本和收益核算。

（2）结合现有新型农业经营主体的发展模式、规模、主要特点等，对比分析不同经营主体在保障粮食安全方面发挥的作用及趋势走向。

（3）农户的粮食经营规模是多种因素综合作用的结果。从粮食安全和农户增收的角度，采用冗余分析（RDA）和 Pearson 相关系数检验判断影响农户小麦—玉米种植规模的主要因素。

（4）以黄淮海地区小麦—玉米轮作农户作为对象进行研究，运用非径向非角度的 SBM 计量方法，测算不同规模种粮农户的生产效率，分析比较得出最优规模，并对于非有效决策单元提出改进的方向以及调整幅度。

第2章

概念界定与理论基础

2.1 相关概念的界定

2.1.1 粮食经营主体

本书所指的经营主体定义为拥有土地或拥有土地的经营权用来进行粮食（小麦—玉米轮作）生产的家庭、个人或组织。考察的经营主体为种植粮食的传统小户和新型农业经营主体。

经营主体的特点。首先，经营主体的营利性。以追求利润为目的，考虑生产的成本和收益。其次，经营主体具有一定的独立性，拥有财产的支配权，能够在市场中自主地开展生产经营活动与公平竞争活动。

新型农业经营主体是相对于传统的小规模、自给半自给农户家庭经营提出的，具有经营规模较大、劳动生产率较高、商品化程度高等特征，具有较高的物质技术装备水平和经营管理水平。在新型经营主体的发展过程中要符合我国人多地少的国情，所以不能盲目追求规模扩张，要在实现规模经济的基础上同时确保土地的产出率（张照新，2013）。本书所考察的新型农业经营主体包括种植小麦—玉米的家庭农场、种粮大户、农民专业合作社和农业企业。

2.1.2 规模经济

规模经济是指随着生产规模的不断扩大，生产组织通过优化资源配置形成的一种规模效益，依赖于生产组织对资源的充分有效利用、配置和经营效率的提高而形成的“内部规模经济”以及依赖于多个组织之间因合理的分工与联合、合理的地区布局等所形成的“外部规模经济”。目前农业生产中的规模经济主要是内部规模经济，是指土地、劳动力、资本等生产要素投入的数量和组合合理配置的情况下，所带来的内部规模效益。我国还应进一步挖掘如灌溉水井等公共设施、市场集聚、产业关联等在生产过程之外的由于投入的不可分性而随规模变动所带来的效益流入的外部规模经济。

2.1.3 粮食适度规模经营

粮食适度规模经营源于西方经济学中的“规模经济”研究。主要是指在既有条件下，通过农业生产地理位置的集中以及土地面积的扩大，使土地、劳动力、资本等生产投入要素配置趋向合理，并通过统一管理的方式，提高土地利用率、节约生产要素成本，以达到最佳经济效益的活动。

本书的适度规模经营主要是指通过适度扩大土地规模实现生产要素的最优配置，核心在于实现投入产出生产效率的最大化。研究粮食适度规模经营，首先要对粮地的概念进行界定。粮地是指专门用于粮食生产的土地，本书指以小麦和玉米种植为主的土地，水稻等粮食作物和大豆、花生等经济作物不计入内。本书的主要研究区域是我国黄淮海地区的河南、山东、河北三省，该区为一年两熟的作物熟制。

2.2 土地产权理论

产权是指财产权利的主张，主要表现为主体对客体的某种支配权利。

产权主要由三个要素组成：一是主体，即权利的拥有者；二是客体，指权利所指向的标的，可以是土地、厂房等有形的财产，也可以是技能、专利等无形的财产；三是权利内容，指主体对客体所拥有的权利和承担的义务。产权还具有三个基本功能：激励功能、约束功能和资源配置功能。在市场经济的正的交易费用中，产权明晰有利于节约双方交易费用，保障交易方的收益预期，提高资源配置效率。

土地产权就是关于土地财产的一切权利（所有权、使用权、收益权、处分权等）的总和。土地产权的功能同样包括激励、约束和分配功能。在土地制度完善的前提下，土地产权的实现能够保证土地的集约利用和合理利用。土地产权的明晰、稳定性、结构合理性以及保障性对土地合理利用产生重大的影响。

产权的稳定性影响土地利用。如上述所言，合理稳定的产权实现能够帮助他人在交易时形成双方的合理预期。若产权制度不稳，人们就无法形成对自己所拥有的产权的准确预期，不利于产权的效率实现。土地产权越稳定，土地收益率波动性越小。人们就越愿意在土地上进行投资，土地集约利用率就越高。土地产权不稳，将导致土地集约利用度的不稳，影响到土地合理利用。

土地产权结构的合理性会影响到土地的利用。在一定的土地承包制度下，若是土地的产权结构不明晰，容易导致土地承包者和土地使用者对土地收益分配的不合理，直接影响到土地的使用。例如，对分成地租的研究就是设定多大比例的地租分成能够确保地主和租客双方的利益，同时保证土地的合理利用（张五常，1969）。

对土地使用权的保障也会影响土地利用。土地使用权来自于土地所有权中的部分权利转让，如果没有对土地使用权进行保护，土地使用权人的利益就会受到土地所有权人的侵害。为此，各国一般都会制定相关土地法律，从而保障土地使用权人的合理利益。

2.3 交易费用理论

交易成本理论由英国经济学家罗纳德·哈里·科斯（R. H. Coase）于

1937年提出，是指交易双方为准确获取市场信息以及谈判和经常性契约所支付的费用。交易成本一般包括搜集信息成本、谈判成本、缔约成本、监督成本以及违约成本。科斯认为企业的存在减少了这种反复发生的交易成本。交易成本产生的主要原因来自于市场失灵（Williamson，1975），市场失灵受人为因素和交易环境因素的影响。交易商品或资产的特殊性（asset specificity）是交易的第一个主要特征，交易一旦终止，所投资的资产成本便难以收回或转化用途。交易的不确定性（uncertainty）是交易的第二个主要特征，是由于交易过程中各种风险的发生几率、交易双方的信息不对称以及人类有限理性的限制而产生。因此交易双方通常以缔结契约的方式来防范风险、保障自身利益。交易不确定性越大，交易方的监督成本和议价成本就越高，交易成本就越高。交易的频率（frequency of transaction）是交易的第三个主要特征，交易的频率越高，相对的管理成本与议价成本也就越高。企业往往会将交易频率较高的经济活动内部化，以节省企业的交易成本。

在市场经济条件下，农产品总成本也由农产品的生产成本和交易成本两部分构成。农产品的生产成本和交易成本的大小与农业经营规模非常相关。以目前我国农业发展情况看，在机械化耕作的条件下，小规模经营的土地格局让农户在信息成本、谈判成本、契约成本等方面面临较高的交易费用，不利于农产品竞争力的提高。相比之下，大农场的交易费用要低一些。因此，只有适度扩大农业生产规模或者通过小规模经营农户的联合实现外部规模效益，才能降低交易成本，提高农产品的市场竞争力。

2.4 农业适度规模经营理论

2.4.1 规模经营、规模经济与规模报酬

规模经营（scale management）主要分析的是经济活动中生产单位的各种投入要素在不同数量和不同组合方式下产出及效益的变化情况。农业规模经营是相对于传统小农户分散生产模式的一种新型现代化经营方式。目

前关于农业规模经营的衡量主要有收入标准、产量标准以及生产效率标准，一般是通过对一定经营耕地面积上的劳动力、资本等生产要素的调整及优化配置使各生产要素充分发挥作用，从而达到农业规模经营目标的实现。农户进行规模经营的目的是为了获取规模经济，主要通过耕地面积的扩大、劳动生产率的提高、先进生产技术的应用实现规模经济，获得更高的收益。

规模经济（economies of scale）指通过扩大生产规模而引起的经济效益增加的现象，也可表示为在既定的生产技术条件下，生产一单位产品的平均成本在某一区间内递减。在价格既定的条件下，社会分工所带动的生产专业化水平的提高、交易成本的降低、劳动者工作熟练程度的增加等都是规模经济产生的主要原因。根据报酬递减的规律，规模经济并不一直存在，是在某一区域里才能满足此特性。因此，从长期平均成本曲线来看，规模经济是在生产要素不可分性的特点上通过生产规模的扩大，实现提高生产单位的总体效率、降低单位成本。规模经济最优点在长期平均成本曲线上表示为该曲线上的最低点（见图2－1）。

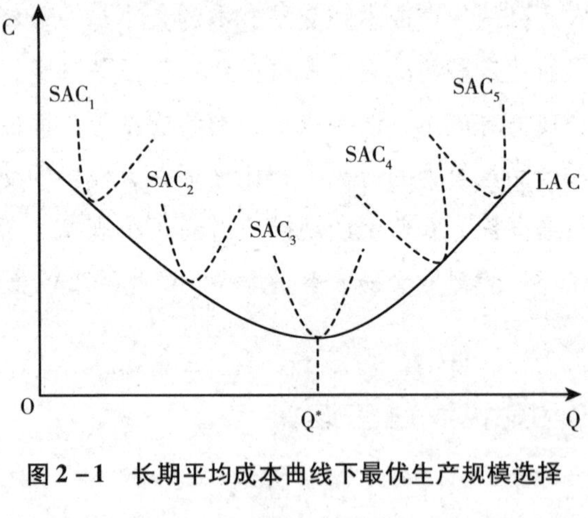

图2－1　长期平均成本曲线下最优生产规模选择

规模报酬（returns to scale）表现为在既定生产技术水平下，投入要素同比例增加或减少时产量的变化情况。在长期生产中，由于生产规模的扩大而使生产效益得到提高，为规模报酬递增，一般发生在生产初始阶段；当生产规模扩大到一定程度后，再继续扩大规模，就会导致生产效益的下降，这叫做规模报酬递减。

当产出增加的比例大于各投入要素增加的比例时，为规模报酬递增：

$$f(\lambda K,\lambda L) > \lambda f(K,L)$$

当产出增加的比例等于各投入要素增加的比例时，为规模报酬不变：

$$f(\lambda K,\lambda L) = \lambda f(K,L)$$

当产出增加的比例小于各投入要素增加的比例时，为规模报酬递减：

$$f(\lambda K,\lambda L) < \lambda f(K,L)$$

规模经营、规模经济和规模报酬三者之间既相互联系又有所区别。规模经营的目的是获取规模经济。研究农业适度规模经营也是为了获取农业生产领域的规模经济，通过生产规模的扩大使农业生产保持在各投入要素配置最优的合理规模水平内，让农户达到经济效益最大化或粮食产出水平最高，从而形成规模效益。规模经济表现为因经营规模的扩大而使单位生产成本下降，规模报酬是所有投入要素同比例增加所引起的产出水平的变化。规模经济包括规模报酬，但内容比规模报酬丰富。

总之，三者相互联系、相互作用，规模经营主要研究规模报酬、规模经济与生产规模之间的关系。农业经营者进行规模经营的主要目的就是通过扩大农业生产规模使农业在经历报酬递增的阶段后达到生产经济效益最大化，实现规模经济。

2.4.2 要素投入与产出的生产关系

农业生产的过程就是从投入生产要素到农产品产出的过程。一定时期内，在技术水平既定的条件下，设定的农业生产函数表示为农业生产中投入要素的数量和所能达到的最大产出量之间的关系。假定 X_1，X_2，…，X_n 为农产品生产过程中所使用的 n 种生产要素的投入量，分别为土地、劳动力、化肥、农机具、农药、种子等，Q 表示可能生产的最大产出量，则 $Q=f(X_1, X_2, \cdots, X_n)$。

但是，在农业生产中，影响生产单位最优规模的因素主要还是资源禀赋的差异，农业经营者倾向于用相对富裕的生产要素替代相对稀缺的生产要素。比如，人力资源较丰富的亚洲国家更倾向于使用更多的劳动力，而土地资源丰富、人力资源奇缺的美国则倾向于通过扩大土地经营规模节约劳力的使用。

在微观经济学中，假设资本要素投入不变，农户土地、劳动要素投入的最佳关系比是在土地边际产量（MP_T）和劳动边际产量（MP_L）之比等于土地要素价格（P_T）和劳动要素价格（P_L）比的水平上，表示为劳动—土地边际技术替代率 $MRTS_{TL} = MP_T/MP_L = P_T/P_L$。图2－2中 $MRTS_{TL}$ 就是等产量线切线的斜率，L_1 和 S_1 分别代表该替代率水平下的最优要素投入量。若劳动力价格下降，将会使切线的斜率变大，从而使 P_T/P_L 增大，从而使生产的最优规模左移减少。

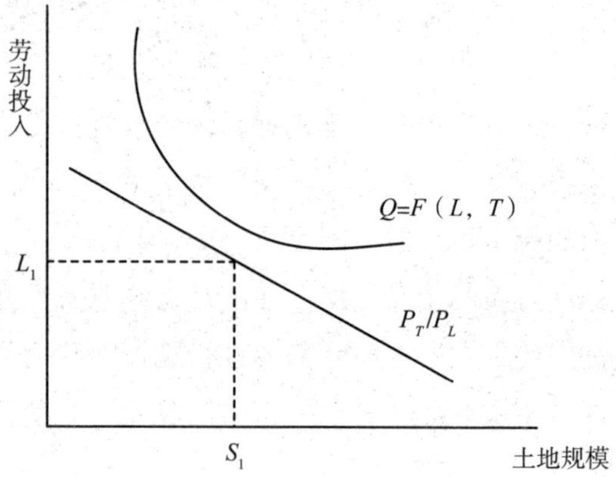

图2－2　劳动力和土地要素投入均衡分析

2.4.3　农户经营规模与生产效益

在规模经济中，产出的单位成本具有随着经营规模的扩大而逐步减少，当降到最低点后开始缓慢上升的特点。因此在农户生产经营过程中，随着土地规模扩大，预期收益（TR）表现出边际递增后转为边际递减的趋势，而预期成本（TC）随规模的扩大表现为边际递减后逐渐递增的现象。图2－3是一个分析农户适度规模经营的曲线模型，随着农业生产要素不断投入，农业产出量会发生相应的变化，如图中曲线所示，在农户种植面积当大于 $LAND_{min}$ 时，农户经营开始由亏损转为赢利，$LAND_{min}$ 是有效规模，农户收益随规模的扩大而增加。当种植面积增加到 $LAND_*$ 时，边际收益

(MR) = 边际成本(MC)，投入产出效率达到最佳，农户经营收益实现最大化。

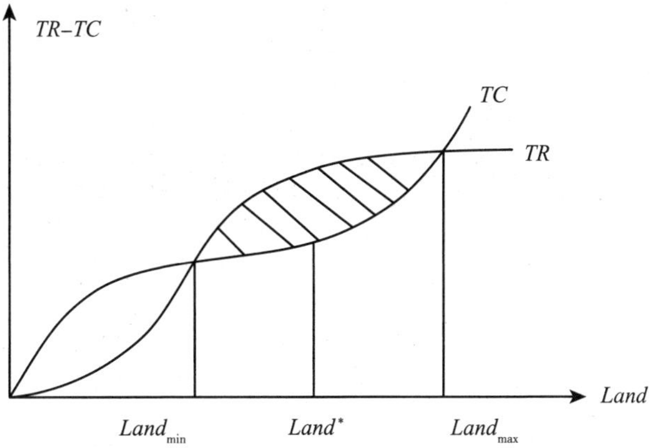

图 2–3　农户经营规模与生产效益分析

2.4.4　农业适度规模的动态分析

农业适度规模是在受到多重因素的影响下进行的，某一项因素的改变都会引起适度规模的细微变化，因此是一个动态的、变化着的数值。土地、劳动以及资本等生产要素的流动性及稀缺性差异，农业投资的资本不可分性，先进科技在农业生产中的推广、应用，农业经营主体的经营管理能力等都成为影响农业适度规模的主要因素。相对于土地和劳动的资源条件限制，农业科技的发展和进步对农业最优经营规模的影响较为显著，每一次科技进步都能促进经营规模向更高的阶段发展。以科学技术为例，假设在其他生产条件既定的情况下，科学技术在农业生产领域中的应用会直接影响生产单位的投入产出比例，从而对应不同的适度规模，即当农业经营单位的生产技术水平位于 A 层面时，则它的最佳适度规模为 a；当农业经营单位的生产技术水平处于 B 层面时，则它的最佳适度规模为 b，当农业经营单位的生产技术水平发展到 C 层面时，则它的最佳适度规模为 c。因此，只要生产技术水平及其他因素稍有变化，都会不同程度的引起农业生产单位的适度规模发生相应的变化。

第3章

粮食生产经营规模的演化

由于近年来我国农业政策对粮食生产的重视和支持、农业机械化的推进以及粮食作物新品种的推广应用，我国粮食产量稳步提高。而土地制度改革下我国农村土地市场的逐步放开、农村劳动力兼业化以及非农化也为农业规模经营这一形式提供了发展条件。然而，农业规模经营并不是“归大堆”。规模越大，管理成本越高，对基础设施以及社会化服务能力要求也越高。因此，本章在总结我国粮食生产规模及发展阶段的基础上，对粮食适度规模经营的目的以及必要性进行分析，最后对粮食规模经营“适度”尺度的选择进行初步说明。

3.1 我国粮食生产现状与历史探索

3.1.1 粮食作物区域分布与品种结构

1. 小麦生产布局基本稳定，形成以中部黄淮海地区为主的生产区域

我国小麦生产分布广泛，2014年，除海南省外，我国其他30个省（区）都有种植小麦。其中小麦种植的主要集中区域位于山东、河南、河北为代表的黄淮海区域，该区域小麦播种面积约占全国小麦播种面积的60%以上。陕西、山西、甘肃、新疆、内蒙古、四川、湖北、云南等部分地区也有少量的小麦种植。

根据各地的自然资源条件，如土壤、温度、光照、降雨等，我国基本形成了黄淮海专用小麦优势产业带、东北大兴安岭小麦产业带以及南方长江下游小麦产业带。其中黄淮海流域主要以生产优质强筋小麦为主，东北部分地区主要以生产面包用硬红春小麦为主，南方部分地区由于气候原因只能生产弱筋小麦。

表3－1　　2014年排名前6位省份的粮食作物种植面积　　单位：千公顷

省份	农作物总播种面积	粮食作物播种面积	谷　物			
				稻　谷	小　麦	玉　米
黑龙江	12 225.9	11 696.4	8 833.4	3 205.5	145.7	5 440.2
河　南	14 378.3	10 209.8	9 408.5	649.7	5 406.7	3 283.9
山　东	11 037.9	7 440.4	7 014.4	122.4	3 740.2	3 126.5
安　徽	8 945.6	6 628.9	5 543.3	2 217.3	2 434.5	852.4
四　川	9 668.6	6 467.4	4 720.4	1 991.8	1 170.7	1 381.2
河　北	8 713.1	6 332.0	5 919.2	84.8	2 342.7	3 170.9

资料来源：《中国统计年鉴》（2015）。

2. 玉米生产向北扩展，形成主要以北方和中部地区为主的生产区域布局

玉米生产已经分布我国所有省份。经过近50年的调整，玉米生产由北向南，已经基本形成了北方春玉米区、黄淮海夏玉米区、西南山地玉米区、西北灌溉玉米区、南方丘陵玉米区、青藏高原玉米区六大区域。2014年玉米生产最为集中的还是在东北平原和黄淮海平原中部区域，玉米播种面积约占全国玉米播种面积的70%左右①。

其中玉米种植面积最大的辽宁、吉林、黑龙江生产条件最为优越，土壤肥沃，光、热、水资源与作物生育期同步，其玉米营养品质好，种植面积大，产量高，商品率高，同时该区还是东北生猪主产区和东北肉牛、奶牛带，畜牧业发展潜力强大。黄淮海地区的河南、山东、河北省自然条件和农业基础设施较好，有效灌溉面积达50%以上，玉米生产水平较高，且播种面积占全国的25%以上。区内畜牧业和玉米加工业比较发达，饲用玉

① 资料来源：《中国统计年鉴》（2015）。

米和专用玉米需求量较大。

3. 粮食作物在总作物播种面积中所占比重下降，玉米作物所占比重增加

随着农业生产的发展，我国粮食生产结构发生了较为明显的变化。粮食结构的变化包括粮经结构的变化和粮食作物内部品种结构变化。粮经结构的变化主要体现为油料、果园、蔬菜和茶园等种植效益高的经济作物对小麦、大豆、薯类等种植效益低的粮食作物的替代。1978~2014 年全国玉米、油料、果园、蔬菜和茶园的播种面积占农作物总播种面积的比重各自上升了 9.1 个、4.4 个、6.8 个、10.7 个和 0.9 个百分点；稻谷和小麦的播种面积有所下降，分别下降了 4.6 个和 4.9 个百分点，加上大豆、薯类播种面积的下降，导致粮食播种面积在农作物总播种面积中的比重下降了 12.2 个百分点。

粮食内部品种种植结构变化主要体现为产量较高的玉米对谷子、高粱、大豆、薯类及其他杂粮等低产量作物的替代。1978 年我国小麦、稻谷、玉米三大主粮的总播种面积为 83 565 千公顷，2014 年为 91 502 千公顷，增加 7 937 千公顷，其中小麦和稻谷播种面积分别减少 4 000~5 000 千公顷，玉米的播种面积增加了 17 162 千公顷。

表 3-2　　中国主要农作物品种种植结构的变化（1978~2014 年）

年份	各类作物占农作物总播种面积比率（%）								
	粮食作物	稻谷	小麦	玉米	油料作物	棉花	果园	蔬菜	茶园
1978	80.3	22.9	19.4	13.3	4.1	3.2	1.1	2.2	0.7
1980	80.1	23.1	19.7	13.7	5.4	3.4	1.2	2.2	0.7
1985	75.8	22.3	20.3	12.3	8.2	3.6	1.9	3.3	0.8
1990	76.5	22.3	20.7	14.4	7.3	3.8	3.5	4.3	0.7
1995	73.4	20.5	19.3	15.2	8.7	3.6	5.4	6.3	0.7
2000	69.4	19.2	17.1	14.8	9.9	2.6	5.7	9.7	0.7
2001	68.1	18.5	15.8	15.6	9.4	3.1	5.8	10.5	0.7
2002	67.2	18.2	15.5	15.9	9.5	2.7	5.9	11.2	0.7
2003	65.2	17.4	14.4	15.8	9.8	3.4	6.2	11.8	0.8
2004	66.2	18.5	14.1	16.6	9.4	3.7	6.4	11.4	0.8
2005	67.1	18.6	14.7	17.0	9.2	3.3	6.5	11.4	0.9
2006	69.0	19.0	15.5	18.7	7.7	3.8	6.7	10.9	0.9

续表

年份	各类作物占农作物总播种面积比率（%）								
	粮食作物	稻谷	小麦	玉米	油料作物	棉花	果园	蔬菜	茶园
2007	68.8	18.8	15.5	19.2	7.4	3.9	6.8	11.3	1.1
2008	68.3	18.7	15.1	19.1	8.2	3.7	6.9	11.4	1.1
2009	68.7	18.7	15.3	19.7	8.6	3.1	7.0	11.6	1.2
2010	68.4	18.6	15.1	20.2	8.6	3.0	7.2	11.8	1.2
2011	68.1	18.5	15.0	20.7	8.5	3.1	7.3	12.1	1.3
2012	68.1	18.4	14.9	21.4	8.5	2.9	7.4	12.5	1.4
2013	68.0	18.4	14.6	22.1	8.5	2.6	7.5	12.7	1.5
2014	68.1	18.3	14.5	22.4	8.5	2.6	7.9	12.9	1.6

资料来源：《中国统计年鉴》（2015）。

表3-3　中国主要粮食作物品种种植结构变化（1978～2014年）

年份	谷物面积占粮食作物面积比率	稻谷面积占粮食作物面积比率	小麦面积占粮食作物面积比率	玉米面积占粮食作物面积比率
1978		28.54	24.20	16.55
1980		28.90	24.60	17.13
1985		29.46	26.84	16.26
1990		29.14	27.10	18.86
1991	83.76	29.02	27.55	19.21
1995	81.15	27.93	26.22	20.69
2000	78.61	27.62	24.57	21.26
2001	77.86	27.16	23.25	22.89
2002	78.42	27.15	23.01	23.71
2003	77.27	26.67	22.13	24.21
2004	78.10	27.93	21.28	25.04
2005	78.51	27.66	21.86	25.28
2006	80.92	27.57	22.50	27.12
2007	81.20	27.38	22.45	27.90
2008	80.76	27.38	22.11	27.96
2009	81.11	27.18	22.29	28.61
2010	81.77	27.19	22.08	29.58
2011	82.31	27.18	21.95	30.33
2012	83.28	27.10	21.82	31.50
2013	83.76	27.07	21.54	32.44
2014	83.93	26.89	21.35	32.93

资料来源：《中国统计年鉴》（2015）。

3.1.2 粮食贸易状况

目前全球粮食贸易量大约为3.51亿吨[①]，只占我国粮食总产量的58%。换言之，就算全球粮食交易全出口到中国，也仅能满足国内消费量的58%。中国的“大国效应”导致我国不可能也不能过多的依靠国际市场供应粮食。对国际市场的利用，主要是坚持立足国内、粮食生产正常波动的基础上，根据不同品种的供求缺口情况，进行品种调剂。产大于需的，适量出口；产不足需的，适量进口。

1. 主要粮食作物的进出口情况

1995~2014年，我国主要粮食（谷物）作物以2003年为分界点，2003年以前粮食（谷物）作物是出口逐渐上升，进口逐渐下降的状态；2003年以后粮食（谷物）作物是出口逐渐下降，进口逐渐上升的状态。进口和出口分别呈现“U”形和倒“U”形的状态，但总的来说，20年间贸易逆差达1 395.7万吨，基本呈现出进口大于出口的状态。

按粮食（谷物）品种分析，1995~2014年小麦产品基本处于贸易逆差状态，贸易逆差量达3 955.4万吨，占小麦贸易总量的58%以上，进口量占谷物进口总量的38.6%，其中2014年为15.4%。玉米产品为由贸易顺差转为逆差的总体状态。出口量占谷物出口总量的64.3%，主要归功于1997~2008年的大量出口。但是自2009年以后这一比例基本维持在10%甚至更低，其中2014年为2.6%。自2009年以后玉米开始贸易逆差，并且随着国内玉米价格倒挂，未来将继续呈现贸易逆差趋势。稻谷产品基本处于贸易顺差状态，仅有5年是贸易逆差，稻米出口量占谷物出口总量的20.3%，其中2014年为54.5%。我国稻米出口主要是以品质较高的粳米为主，但是由于越南、泰国等周边更为低廉的大米（籼米）价格，导致我国自2011年开始稻谷进口量迅速攀升。除此之外，还有非常多难以统计的大米走私等，我国稻米产品的贸易状况也不容乐观。

---

① 资料来源：《2015中国农产品贸易发展报告》。

总的来说，我国谷物出口品种主要以稻谷、小麦为主，进口品种主要是小麦、玉米和稻谷，但是总体趋势是我国谷物的出口量在逐渐减少，进口量逐渐增加且保持在较高的水平。

表3-4　　中国主要粮食作物贸易量变化情况（1995~2014年）　　单位：万吨

年份	出口				进口				净出口量			
	谷物	其中			谷物	其中			谷物	其中		
		小麦	玉米	稻谷		小麦	玉米	稻谷		小麦	玉米	稻谷
1995	64.9	22.5	11.5	5.7	2 040.4	1 162.7	526.4	164.5	-1 975.5	-1 140.2	-514.9	-158.8
1996	124.3	56.6	23.8	27.7	1 084.0	829.9	44.7	77.4	-959.7	-773.3	-20.9	-49.7
1997	834.8	45.8	667.1	95.2	417.0	192.2	0.3	35.9	417.8	-146.4	666.8	59.3
1998	889.2	27.5	469.2	375.6	388.5	154.8	25.2	26.0	500.7	-127.3	444.0	349.6
1999	738.4	16.4	433.3	271.7	340.1	50.5	7.9	19.1	398.3	-34.1	425.4	252.6
2000	1 379.8	18.8	1 047.9	296.2	314.8	91.9	0.3	24.9	1 065.0	-73.1	1 047.6	271.3
2001	876.9	71.3	600.0	187.0	344.4	73.9	3.9	29.3	532.5	-2.6	596.1	157.7
2002	1 483.7	97.7	1 167.5	199.0	285.1	63.2	0.8	23.8	1 198.6	34.5	1 166.7	175.2
2003	2 200.4	251.4	1 639.1	261.7	208.7	44.7	0.1	25.9	1 991.7	206.7	1 639.0	235.8
2004	479.5	108.9	232.4	90.9	975.3	725.8	0.2	76.6	-495.8	-616.9	232.2	14.3
2005	1 017.5	60.5	864.2	68.6	627.2	353.9	0.4	52.2	390.3	-293.4	863.8	16.4
2006	609.9	151.0	306.6	125.3	359.5	61.3	6.5	73.0	250.4	89.7	300.1	52.3
2007	991.2	307.3	491.8	134.3	155.7	10.1	3.5	48.7	835.5	297.2	488.3	85.6
2008	186.1	31.0	27.3	97.2	154.1	4.3	5.0	33.0	32.0	26.7	22.3	64.2
2009	137.1	24.5	13.0	78.6	315.1	90.4	8.4	35.7	-178.0	-65.9	4.6	42.9
2010	124.3	27.7	12.7	62.2	570.8	123.1	157.3	38.8	-446.5	-95.4	-144.6	23.4
2011	121.5	32.8	13.6	51.6	544.7	125.8	175.4	59.8	-423.2	-93.0	-161.8	-8.2
2012	101.6	28.6	25.7	27.9	1 398.3	370.1	520.8	236.9	-1 296.7	-341.5	-495.1	-209.0
2013	100.1	27.8	7.8	47.8	1 458.5	553.5	326.6	227.1	-1 358.4	-525.7	-318.8	-179.3
2014	76.9	19.0	2.0	41.9	1 951.6	300.4	259.9	257.9	-1 874.7	-281.4	-257.9	-216.0
总计	12 538.1	1 427.1	8 056.5	2 546.1	13 933.8	5 382.5	2 073.6	1 566.5	-1 395.7	-3 955.4	5 982.9	979.6

资料来源：《2015中国农产品贸易发展报告》。

2. 主要粮食作物的贸易对象

根据世界粮农组织数据显示，我国贸易对象比较集中，中国谷物主要出口市场是周边国家（地区），进口主要来自北美、澳大利亚和亚洲国家（地区）。出口方面，中国谷物前五位的出口对象是韩国、朝鲜、中国香港、日本和蒙古国。2014 年对上述国家（地区）共出口 64.3 万吨，占谷物出口总量的 83.55%，对日本和蒙古国的出口相比上年有所增长。进口方面，2014 年中国谷物前五位的进口对象主要是美国、澳大利亚、越南、乌克兰和泰国。对上述国家共进口谷物 1 656.1 万吨，占谷物进口总量的 84.9%，其中从乌克兰进口量增幅最大，增长近 8 倍，从泰国的进口量也增加了 2 倍多。

按照品种分析，稻谷产品主要出口至周边的韩国和朝鲜，进口主要来自越南、泰国和巴基斯坦。小麦产品主要出口至中国香港和朝鲜，进口主要来自于澳大利亚、美国和加拿大。玉米产品绝大部分（78.1%）出口至朝鲜，进口主要来自于美国和乌克兰。

3.1.3 粮食生产经营方式的历史探索

自新中国成立以来，我国就在不断地探索更符合我国发展需要的农业生产经营方式。在不同的农业发展阶段，我国分别对农户经营、集体经营、合作化经营、专业化经营等进行了尝试和探索。

1. “自给自足”经济与传统小农经营：土地改革下的小块平均经营(1949～1952 年)

农村基本经营制度的变迁首先从 1950 年的土地改革开始。土改后，耕地基本是按各户的家庭成员数量进行分配的（除地主家庭成员受一定限制外），因而各户土地经营规模的差异由家庭内部成员的多少所决定。到 1952 年底土改基本完成，农民人均耕地面积 2.8 亩，平均每户占有耕地面积 19.68 亩，为 1949 年至今的最高水平。1949 年到 1952 年间，粮食总产量增长了 45%。[①]

历史成果。这一阶段，农业生产力主要来源于土地改革的制度激励。

① 资料来源：《新中国农业 60 年统计资料》。

农民的土地所有制保护了农户的自主经营权，生产收益归为己有，符合当时的生产力发展水平，农民生产积极性迅速提升，农业生产快速展开。

但是，不足之处是在当时生产力发展水平下，土地一家一户小规模分散经营对生产造成了不利影响。土改以后形成的土地小块平均经营的格局造成生产资料非常匮乏。由于经营规模狭小和耕畜、农具、肥料缺乏造成当时农业耕种能力有限，农产品生产数量无法满足当时国家工业化建设和人民群众改善生活的需求。为改变这种生产资料匮乏的格局，农民选择以合作经营的形式扩大经营规模。

2. “农业合作化”生产与集体经营：合作制下的土地经营规模的简单机械归并（1953～1977 年）

1953 年，全国开始推行农业合作化经营模式，由农民土地所有制转变为集体所有制，通过合作制的形式使土地经营规模扩大，生产资料均以平均分配方式提供。在农业合作化经营体制下，土地经营规模迅速扩大，面积基本分布在 300～500 亩，到了 1955 年平均土地经营规模达到上千亩。到 1958 年，农业合作化经营模式的平均规模达到上万亩的超大规模经营。但这种“大兵团”作战式的土地经营，导致了农业生产的巨大滑坡。从 1959 年开始，超大规模经营方式有所调整，形成以生产队（在 1962 年，平均每个生产队由 24 户生产农户组成）为基本单位的土地经营。土地经营规模缩小到 300 亩左右。

历史成果：完成了土地由分散到集中的转变，一些大的水利工程都是在这一阶段建立起来的。全国共修建大小水库 5 万多个，灌溉沟渠以及水道等大量水利工程也是在这一时期修建而成。到 1978 年农田有效灌溉面积相比 1952 年增加 2 倍多，而且对全国长江、黄河等一些大江河流域的一般性洪水灾害有了初步控制。农业机械数量、化肥施用量和电力建设及消耗量都大大增加。

但是，这一时期土地经营规模过度膨胀，规模扩大后，由于管理和机械、化肥、良种等生产要素投入没有得到及时调整，并未形成规模效益（吴建光，1992）。另一方面，合作化形势下的集体经营在当时无法起到刺激生产力的作用，反而极大地限制了农业生产的自主经营，不利于农民劳动生产积极性的发挥，农业的效益低下、农产品供给严重不足。

3. "家庭联产承包"制度与市场化经营：制度创新下土地重新细碎化和分散化管理（1978～1984年）

1978年实行家庭联产承包责任制后，采用大包干的分配制度，我国重新形成了小块土地分散经营格局。这一阶段平均每户的经营规模为10亩左右。从1978年到1984年，在制度激励效果的释放下，农民生产积极性提高，我国粮食总产量在这期间增长了33.6%。

历史成果：我国实行家庭联产承包责任制以后，极大地刺激了当时的农业生产力，农民生产积极性大大提高，农业发展进步成效巨大，农村面貌发生了翻天覆地的变化。

但是，随着经济的发展，以家庭联产承包责任制为基础的小块土地经营逐渐显露出对现代农业生产技术发展的阻碍。家庭分散经营，难以形成规模经济。此外，一家一户的小块土地经营模式在农业生产比较效益偏低下的条件下，无法使纯土地经营者的收入得到提高。结果是作为微观经济主体的小农户的经营活动"贫穷而有效率"。

4. "种粮大户"探索与专业化经营：80年代后期部分地区的规模经营（1985～2001年）以及2002年后农业适度规模经营条件渐趋成熟阶段（2002年至今）

1986年中央1号文件中首次出现了适度规模的概念，提出鼓励种田能手通过耕地流转集中的方式发展适度规模的专业化粮食生产。农业适度规模最早在经济发达且已经有规模经营主体形成的南方地区自发开展起来。1987～1992年是地方政府扶持阶段，通过制定新政策扶持鼓励土地生产率、劳动生产率更高的规模经营，有力地促进了粮田规模经营的发展（吴呈良，1995）。1993年后是全面推进阶段，主要原因是邓小平同志南方谈话后，极大地稳定了地方粮田规模经营的信心，粮田规模经营得到较快的发展。在20世纪90年代后期，由于粮价的下降以及经济作物的迅速发展，粮食适度规模经营有所减弱。2002年中央再次提出鼓励有条件的地方可按照依法、自愿、有偿的原则进行土地承包经营权流转，逐步发展规模经营。随后2006～2016年连续11年鼓励农村的承包经营权依法、自愿、有偿的向经营大户流转，发展多种形式的适度规模经营。

适度规模经营能够克服由于农户家庭经营耕地规模小和农地细碎化造成的农业难以实行机械化和产业化发展的弊端。解决粮食生产比较效益低、粮农生产积极性差的问题，与小规模经营农户相比能更好地实现与市场接轨。规模化、专业化、集约化和市场化的农业适度规模经营模式，不仅有利于解决农村老龄化、农户兼业化等问题，也避免了经营规模小、收益低、农业现代化水平差的缺点，无疑会成为提高粮食产量和质量的关键力量。

具体见表3－5。

表3－5　粮食适度规模经营阶段的划分（1949～2015年）

	生产制度	年份	粮食产量（亿吨）	发展背景	规模经营状况
第一次土地制度改革	农民土地所有有制	1949～1952	2	新解放区农民迫切要求获得土地；彻底废除封建土地私有制	全国农民人均耕地只有0.2公顷，户均不超过0.43公顷
第二次土地制度改革	土地集体所有制	1953～1957	2	社会主义改造，粮食统购统销	130公顷左右；规模效益不显著
		1958～1977	3	“一大二公”；人民公社化运动；平均分配生产资料	由几千公顷的超大规模发展“三级所有，队为基础”规模经营
第三次土地制度改革	家庭联产承包制	1978～1984	4	废除“一大二公”	农户自发型规模经营
		1985～1996	5	结束统购统销的历史；粮食“保量放价”	地方政府政策鼓励型规模经营
		1997～2001	6	“米袋子”省长负责制；粮食补贴政策	
		2002～2007	6	取消农业税	
		2008～2015		鼓励新型经营主体发展	全面推进适度规模经营

3.1.4　粮食生产阶段的划分

农业是第一产业，是国民经济发展的基础。粮食生产是我国农业的基础，是其他产业发展的基本生产资料，也是生活资料的主要来源。

自新中国成立以来，我国粮食的生产整体呈现产量大幅上升、播种面积基本稳定和单产不断提高的趋势，粮食产量从 1949 年的 11 318 万吨上升到 2013 年的 60 194 万吨（见图 3－1）。但是，在这期间粮食产量并非平稳上升，总体波动较大，粮食供给不稳定。

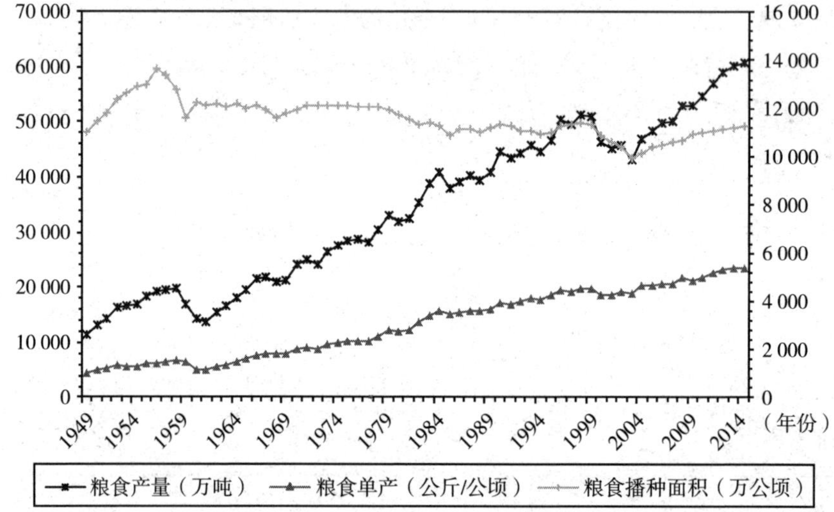

图 3－1　中国粮食生产及波动情况（1949～2014 年）

资料来源：《中国统计年鉴》（1950～2015）。

1949～1958 年由于土地改革和战后恢复性生产等原因，我国粮食的播种面积增加了 16.06%，拉动了我国粮食产量向 2 亿吨接近。

1958～1977 年是我国粮食产量跨越 3 亿吨的阶段。但是由于受政治和气候等因素的影响，这一阶段的粮食生产出现了非常明显的波动，增产速度较慢。

1978～1984 年是我国粮食产量跨越 4 亿吨的阶段。在这一阶段，得益于家庭联产承包责任制和单产水平提高驱动。我国粮食生产能力得到了极大的释放，仅 6 年时间粮食产量就增加 1 亿吨，年均增长率达到 4.95%。

1985～1996 年是我国粮食产量跨越 5 亿吨的阶段。这一时期，技术水平的提高拉动了我国粮食单产水平的明显增长，带动了我国粮食产量的增加。这一阶段以 1990 年为转折点。自 1984 年后生产全面发展，粮食从 6 000 亿斤增长到 8 000 亿斤，人均粮食从 300 斤涨到 400 斤。出现了"卖难”后，1985 年、1986 年粮食播种面积下降较猛，粮食产量大跌。所以 1984 ~ 1987 年粮食产量出了一个“马鞍形”（产量出现了由“高—低—高”发展），出现的原因就是“粮食过剩”的观点误判了我国粮食形势。直到 1990 年才再次回调，随后通过单产水平的提高，粮食产量稳住了，但基本是保持不动的状态。

1997 ~ 2008 年是我国粮食产量跨越 6 亿吨的阶段。这一时期，我国粮食产量呈现徘徊上升趋势，粮食总产在 5 亿吨上下波动。其中，1998 ~ 2003 年粮食产量持续下降，出现了新中国成立后史无前例的粮食总产“五连跌”，下跌幅度达到 15. 28% 。该阶段的突出特点是：不仅粮食播种面积有较大程度的减少，单产水平也有所降低。2003 年，全国粮食产量仅为 43 070 万吨，较 1998 年减少 15. 9% ，年均递减 3. 4% ，为 1990 年以来的最低水平。主要是由于自然灾害的发生、农业种植结构调整以及粮食价格低迷引起的其他作物对粮食播种面积的挤占。在随后的 2004 ~ 2008 年，在“五连跌”的教训下，我国开始出台各种政策支持鼓励粮食生产，粮食总产量实现了恢复性增长，2008 年粮食产量达到了下跌前（1998 年）的水平。

2009 ~ 2013 年，受粮食生产支持政策、粮食价格升高和需求拉动的刺激，我国粮食播种面积开始缓慢平稳上升，粮食产量出现了新的稳定增长。

可以看出，虽然我国出现了粮食“十一连增”的乐观情况，但事实上，其中有相当一部分的增产属于“恢复性增产”。也就是说，1998 ~ 2013 年间的粮食年均增长率仅为 1. 08% ，远低于 1949 ~ 1958 年的 6. 3% 和 1978 ~ 1984 年的 4. 95% 。这一阶段的粮食增产速度放缓的主要原因是“技术天花板效应”导致的粮食单产水平提高速度受限，总产量随着播种面积的减少或恢复而波动。这一阶段的增产本质与 1949 ~ 1958 年（因面积扩大而增产）、1978 ~ 1984 年（因制度改革而增产）以及 1985 ~ 1996 年（因单产增加而增产）有很大的不同，这一阶段的增产是在播种面积面临约束、粮食单产增加空间有限的双重压力下实现的。

由此可知，我国粮食产量的每一次波动都会带来巨大的影响。而粮食作为人民最基本的生活资料，任何一次供应紧张都可能引发大的波动，带来连锁反应，如在1984年出现历史上首次“卖粮难”之后，对粮食形势的估计盲目乐观，导致了抑制粮食生产、鼓励粮食消费和加工转化的政策倾向有所抬头，这对紧随其后的粮食减产和供给不足现象的发生，起到了推波助澜的作用。造成1987~1988年和1993~1995年我国粮食产量徘徊，粮食市场紧张、价格上涨，并引发两次严重的通货膨胀。

因此，粮食本身的特殊性质和中国的“大国效应”决定着粮食供给问题是关系我国经济发展、社会和谐与国家稳定的重要因素。在国家粮食“十一连增”的背景下，谷物的进口数量仍然不断增加，除去国外农产品价格低的因素，我国对粮食消费持续、刚性的需求增长是主要原因。目前全球粮食贸易量约为3.51亿吨，只占我国粮食产量的58%，换言之，就算全球粮食交易全部出口到中国，也仅满足国内粮食消费量的一半。因此，面对我国巨大的粮食需求量，立足国内，实现粮食基本自给，确保粮食安全，是国民经济发展的重中之重。

目前，我国粮食生产面临以下困境。

第一，农业生产资料投入增加与生态环境恶化。一方面，随着农资价格的不断上涨，农户生产成本逐年增加。以玉米为例，在每亩投入量基本保持不变的情况下，2012年比2006年平均每亩的种子、化肥、农药的投入分别增长201%、168%、209%。另一方面，化肥、农药的利用率很低，尤其是化肥，只有1/3的数量能被作物吸收转化为营养，其余2/3的部分残留在土壤中，造成土质坚硬板结，土地生产率下降。化肥、农药也会随雨水冲刷流入江河，造成一定的水源污染。西部和东北旱作区大规模使用地膜，使得长期覆膜农田土壤中地膜残留量在71.9~259.1公斤/公顷之间，农用地膜在土壤内残留时间长且极难降解，严重破坏了土壤的物理和化学结构。过度的施用化肥、农膜和农药，给我国生态环境造成了严重威胁。

第二，农户兼业化行为与农业发展缓慢。一方面，农户兼业化的行为逐渐导致农户对粮食种植粗放经营或产生撂荒现象。据调查，除草剂在农村的使用极为广泛，虽然农民都知道除草剂会破坏农田生态平衡，并导致害虫抗药性增强，在使用过程中也会烧死一些幼苗影响成苗率，但是因其省时、省力、省工，已然成为大部分农民的选择。另一方面，大批素质较高的青壮年农民离开农村进城务工，造成农村劳动力女性化和老龄化趋势严重。留在农业从事生产的大多是文化素质较低的农民，农业生产经营水平低，农业科学技术推广效果不明显，这必然导致资源得不到充分利用。此外，家庭联产承包制分田到户后，农业抗旱防涝功能退化，自排自灌能力下降，望天收的概率增大。投入了人力财力，还不一定能有好收成，有时还要赔钱，投入与产出不成正比。以致一些农民对种地缺乏积极性，农业发展进程缓慢。

第三，农户生产行为的盲目性、滞后性与农产品的“增产不增收”问题。市场的供求调节着农户的生产经营行为。在市场中农户往往对价格信息的获取比较滞后，而价格信息的滞后效应导致了大多数农户对市场的趋同化反应，产生供大于求的现象，造成“增产不增收”的困扰，给粮食的销售和收储带来一系列问题。

第四，农户生产经营行为短期化使水土资源进一步恶化。农户在生产过程中考虑的是成本和收益。根据农作物的产量和价格考虑资金及劳动力的投入，注重的是经济性，而忽视了资源的可持续利用。以东北地区黑土地为例，当地农户连续十几年种植玉米、水稻等经济价值较高的同种作物，吸收养分单一，加上盲目施肥，导致黑土层变薄，黑土有机质含量降低。过度的施用化肥和除草剂使得土壤重金属污染严重。农业发展条件日渐萎缩。

值得欣慰的是，经过60多年的发展，农民对于新事物以及市场的接受度已经大大提高，这也成为进一步发展粮食生产适度规模经营的有利条件。一是大部分农户有耕地租入和流出的意愿。目前，我国的土地流转率达到26%，由于粮食生产具有比较效益低的特点，大部分能够外出打工的农户希望将土地出租给他人，而一些种植大户、合作社希望租入或吸收入股土地进一步扩大生产规模，增加粮食生产的总收益。二是农业技术的示范效应显著。在农业技术推广的过程中，经常存在农户不愿意接受新技术的现象，更无法说服其对新技术投入。但是若在每个地区设立示范点让农户看到切实可行的技术带来巨大收益后，推广起来就非常快。例如在调研中，据基层农机推广人员反映，农田高产示范项目效果就非常显著，国家每一项新的政策、技术都在示范园区率先实施，农民看到效果后会积极主动要求使用，相比之前农民持怀疑态度排斥新技术、新投入的状态有了很大的改变。三是农产品生产市场化趋势明显。相比信息闭塞、思想保守不愿改变传统生产方式的老一代农民，新一代的年轻农户更倾向于把握市场信息，投入生产设备，生产高产量、高价格的农产品。黑龙江五常大米凭借独特的地理、气候优势，生产出高质、有机大米成功打入高端市场就是一个典型例子。但是对于大多数农户而言，农产品认证、市场宣传、销售渠道等因素仍然是一个大难题，进一步开发高价值、高利润农产品的上升空间依然巨大。

3.1.5 粮食生产发展经验总结

新中国成立以来，粮食生产发展历史及措施为新时期农业规模经营提供了宝贵的经验。

首先，经营规模不能盲目扩张。在农业合作化经营模式中，农业生产通常涉及数万公顷土地，严重超出了当时的生产力水平，失败的历史实践不断地警惕着我们，严禁不切实际的规模扩张，防止历史重演。因此，实施农业规模经营应充分考虑地区农业生产条件、资源禀赋以及发展的持续性。当前受成本“地板”和价格“天花板”的双重挤压，农户种粮收益有限，农业生产效益低的问题仍比较突出。因此，不能违背农户意愿急于推行适度规模经营，农业生产经营应以市场为导向，根据经济规律办事，推行粮食生产适度规模经营须与当地经济发展水平相适应，与城镇化进程和农村劳动力转移规模保持同步，与农业科技进步、农业社会化服务水平的提高相一致，形成有效带动劳动者生产积极性的动力机制。

其次，适度规模经营应重视农业生产效率的提高。千亩以上专业大户总收入虽然较高，但多数单产水平比50亩以下的经营户要低。在规模化推进过程中，政府对规模经营的认识也并不能仅停留在经营面积层面，依靠大户补贴形成的规模激励也不是长久之计。新时期为确保粮食等重要农产品有效供给，应从提高农产品市场竞争力和产业可持续发展方面鼓励当地有条件的大户转变农业发展方式，避免“制度疲劳”以及过低的农业生产效率和收益水平。

3.2 粮食生产总规模及户均规模的变化

本节主要是对全国粮食总规模及户均经营规模的变化情况进行研究，全国粮食总规模以作物播种面积和产量作为衡量标准，户均经营规模以播种面积作为衡量标准。具体研究稻谷、小麦和玉米三个品种，同时还对不同省份不同品种的经营规模进行对比，分析我国粮食经营规模的变化和特征。

3.2.1 全国总种植规模在波动中缓慢下降

如表3－6所示，中国粮食产量从1978年的30 476万吨上涨到2013年的60 193.8万吨，产量增加97.5%，尤其是从2003年以来实现连年增收，被国内外誉为“十一连收”。中国粮食生产主要是谷物的生产，主要作物为稻谷、小麦和玉米，稻谷从1978年的13 693万吨上涨到20 361.2万吨，产量增加48.7%；小麦从5 384万吨上涨到12 192.6万吨，产量增加了1.27倍；玉米从5 594万吨上涨到21 848.9万吨，产量增加了2.91倍。综合来看，我国在20世纪80年代主要以稻谷生产为主，而到了2013年玉米的产量已经超过稻谷，成为第一主粮，小麦的产量涨幅与玉米相比较为平缓。

表3－6　　全国粮食生产规模变化（1978～2013年）

年份	粮食（万吨）	产量（万吨）			粮食（千公顷）	播种面积（千公顷）		
		稻谷	小麦	玉米		稻谷	小麦	玉米
1978	30 476.5	13 693.0	5 384.0	5 594.5	120 587	34421	29 183	19 961
1980	32 055.5	13 990.5	5 520.5	6 260.0	117 234	33 878	28 844	20 087
1985	37 910.8	16 856.9	8 580.5	6 382.6	108 845	32 070	29 218	17 694
1990	44 624.3	18 933.1	9 822.9	9 681.9	113 466	33 064	30 753	21 401
1991	43 529.3	18 381.3	9 595.3	9 877.3	112 314	32 590	30 948	21 574
1992	44 265.8	18 622.2	10 158.7	9 538.3	110 560	32 090	30 496	21 044

续表

年份	粮食（万吨）	产量（万吨）			粮食（千公顷）	播种面积（千公顷）		
		稻谷	小麦	玉米		稻谷	小麦	玉米
1993	45 648.8	17 751.4	10 639.0	10 270.4	110 509	30 355	30 235	20 694
1994	44 510.1	17 593.3	9 929.7	9 927.5	109 544	30 171	28 981	21 152
1995	46 661.8	18 522.6	10 220.7	11 198.6	110 060	30 744	28 860	22 776
1996	50 453.5	19 510.3	11 056.9	12 747.1	112 548	31 406	29 611	24 498
1997	49 417.1	20 073.5	12 328.9	10 430.9	112 912	31 765	30 057	23 775
1998	51 229.5	19 871.3	10 972.6	13 295.4	113 787	31 214	29 774	25 239
1999	50 838.6	19 848.7	11 388.0	12 808.6	113 161	31 283	28 855	25 904
2000	46 217.5	18 790.8	9 963.6	10 600.0	108 463	29 962	26 653	23 056
2001	45 263.7	17 758.0	9 387.3	11 408.8	106 080	28 812	24 664	24 282
2002	45 705.8	17 453.9	9 029.0	12 130.8	103 891	28 202	23 908	24 634
2003	43 069.5	16 065.6	8 648.8	11 583.0	99 410	26 508	21 997	24 068
2004	46 946.9	17 908.8	9 195.2	13 028.7	101 606	28 379	21 626	25 446
2005	48 402.2	18 058.8	9 744.5	13 936.5	104 278	28 847	22 793	26 358
2006	49 804.2	18 171.8	10 846.6	15 160.3	104 958	28 938	23 613	28 463
2007	50 160.3	18 603.4	10 929.8	15 230.0	105 638	28 919	23 721	29 478
2008	52 870.9	19 189.6	11 246.4	16 591.4	106 793	29 241	23 617	29 864
2009	53 082.1	19 510.3	11 511.5	16 397.4	108 986	29 627	24 291	31 183
2010	54 647.7	19 576.1	11 518.1	17 724.5	109 876	29 873	24 257	32 500
2011	57 120.8	20 100.1	11 740.1	19 278.1	110 573	30 057	24 270	33 542
2012	58 958.0	20 423.6	12 102.4	20 561.4	111 205	30 137	24 268	35 030
2013	60 193.8	20 361.2	12 192.6	21 848.9	111 956	30 312	24 117	36 318

资料来源：《中国统计年鉴》（2014）。

从粮食播种面积来看，从1978年的120 587千公顷下降到2013年的111 956千公顷，下降了7.2%，总体来看粮食播种面积虽然有所下降，但是幅度很小（见图3－2）。从变动趋势来看，1978～2013年全国粮食播种面积在波动中缓慢下降，与1978年相比下降7.2%，其中2003年前后降幅较大，其余年份整体波动幅度较小。其中，河北、山东粮食播种面积变化趋势与全国比较一致，呈现波动下降趋势，与1978年相比分别下降20.5%和15.5%；河南省粮食播种面积与全国波动下降的趋势不同，反而保持稳步上升的状态，从1978年的9 123.3千公顷增长到2014年的10 209.8千公顷，增长近12%。就近5年粮食生产规模趋势来说，三省的平均增长速度高于全国，尤其是河南省和山东省，为保障全国粮食生产做出了巨大贡献。

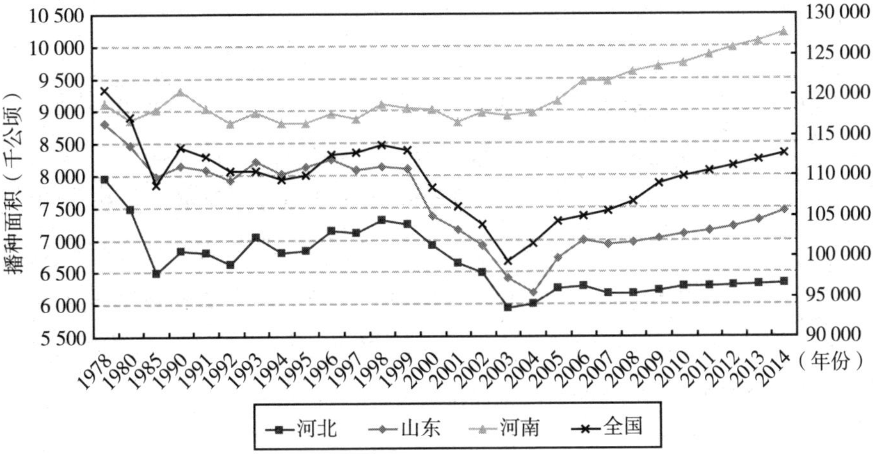

图3-2　全国粮食播种面积波动情况（1978～2014年）

资料来源：历年《中国统计年鉴》。

从粮食生产结构来看，稻谷和小麦种植占粮食作物面积比例都在下降，尤其是小麦下降最快，而玉米的种植比例在上涨。其中，稻谷占农作物播种面积略有下降，下降幅度为1.47%；小麦下降速度较快，下降幅度为2.66%；而玉米在农作物总播种面积里的种植比例迅速扩大，上涨幅度为15.89%，并且玉米的生产面积还将继续扩大。稻谷从1978年的34 421千公顷下降到30 312千公顷，面积下降了11.7%；小麦从29 183千公顷下降到24 117千公顷，面积下降了17.4%；玉米从19 961千公顷上升到35 318千公顷，面积增加了76.9%。综合来看，稻谷和小麦种植比例都在下降，尤其是小麦，而玉米的种植比例在上涨。在过去的几十年间，中国粮食作物内部的结构变化较为明显（见表3-7）。

表3-7　　主要粮食作物生产结构（1978～2013年）

作物	1978年	1980年	1985年	1990年	1995年	2000年	2005年	2010年	2011年	2012年	2013年
粮食作物播种面积	100	100	100	100	100	100	100	100	100	100	100
稻谷	28.54	28.90	29.46	29.14	27.93	27.62	27.66	27.19	27.18	27.10	27.07
小麦	24.20	24.60	26.84	27.10	26.22	24.57	21.86	22.08	21.95	21.82	21.54
玉米	16.55	17.13	16.26	18.86	20.69	21.26	25.28	29.58	30.33	31.50	32.44

资料来源：根据《中国统计年鉴》的有关数据计算得到。

3.2.2　全国户均规模小幅回升

1978～2012年我国户均粮食经营规模呈现整体下降而近期小幅回升趋势。从图3－3可以看出，我国户均粮食播种面积在1978～2012年整体急剧下降，由1978年的10.43亩下降到2012年的6.22亩，整体降幅达40%。其中，2003年为户均经营规模的最低点，户均粮食播种面积仅6.01亩，与1978年相比降幅达42.4%。但2003年以后，随着我国农业政策对粮食生产的支持，户均粮食播种面积小幅回升，增加了2%，因此我国户均粮食经营规模近期呈小幅回升的状态。

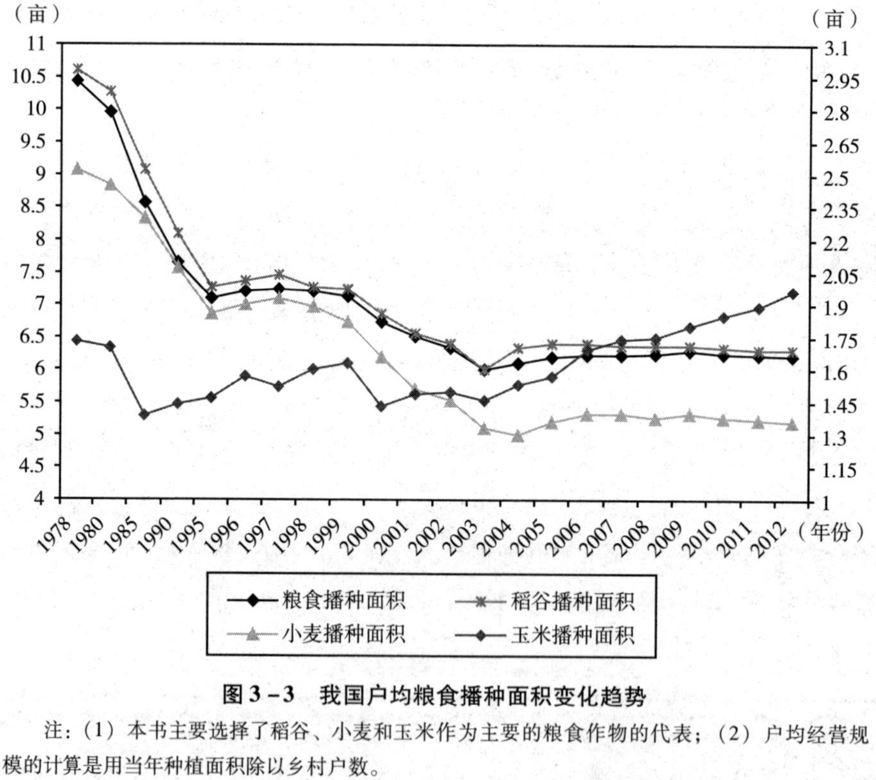

图3－3　我国户均粮食播种面积变化趋势

注：（1）本书主要选择了稻谷、小麦和玉米作为主要的粮食作物的代表；（2）户均经营规模的计算是用当年种植面积除以乡村户数。

资料来源：（1）农业户数来源于国家统计局的乡村户数数据库（1978～2012）；（2）播种面积来源于历年《中国统计年鉴》。

小麦、稻谷的户均经营规模与粮食经营规模较一致，也呈整体下降近期小幅回升趋势，稻谷经营规模始终高于小麦。从图3－3可知，稻谷和小麦的户均播种面积从1978年到2012年都一直呈现下降的趋势，其中小麦的下降幅度更大。稻谷的户均播种面积从1978年的2.98亩下降到2012年的1.69亩，降幅达到43%；小麦的户均播种面积则从1978年的2.52亩下降到2012年的1.36亩，降幅达到46%。

玉米的户均经营规模整体呈增长趋势，且在2006年超过了稻谷的经营规模。与粮食、稻谷以及小麦的户均播种面积下降的趋势不同，玉米的户均播种面积由1978年的1.73亩上升到2012年的1.96亩，尤其是在2000年后呈现迅速增长的趋势，到2006年以后户均播种面积远高于其他品种。玉米生产强势发展的主要原因是玉米价格以及单产的提高给农户带来更多的收益。

3.2.3 各省户均规模差异较大

从省级层面，不同省份的粮食户均经营规模存在较大差异。根据农业部的划分标准，粮食主产省份包括辽宁、河北、山东、吉林、内蒙古、江西、湖南、四川、河南、湖北、江苏、安徽、黑龙江13个省份。通过分析粮食主产省份小麦、稻谷以及玉米的经营规模，由表3－8可以看出，不同省份的经营规模差异性较大。其中，以黑龙江、内蒙古和吉林的户均粮食播种面积最大，2012年分别为33.61亩、21.39亩和16.45亩；湖南省的户均粮食播种面积最小，2012年仅为4.63亩。13个主产省份的户均粮食播种面积2012年为10亩，高于全国的平均水平。1978～2012年，在粮食主产省份中，除黑龙江和内蒙古以外，其他省份的户均粮食播种面积均有所下降。

主产省份稻谷的户均经营规模区域性变化较大。在粮食主产省中，黑龙江和吉林的户均稻谷播种面积增加较快，其中2012年黑龙江排名第一，户均经营规模为8.96亩，已经远远超越了南方的稻谷主产省份（江西和湖南），成为我国粳稻的主要商品粮产地。2012年粮食主产省份的户均稻谷播种面积为2.48亩，与1978年相比经营规模的变化不大。南方稻谷生产大省份（江西和湖南）的户均稻谷播种面积有所下降。

表 3-8　　主产省份户均粮食作物生产规模

地区	主产省份粮食户均规模（亩/户）					主产省份稻谷生产规模（亩/户）					主产省份小麦生产规模（亩/户）					主产省份玉米生产规模（亩/户）				
	1978	1990	2000	2010	2012	1978	1990	2000	2010	2012	1978	1990	2000	2010	2012	1978	1990	2000	2010	2012
黑龙江	29.73	26.52	10.61	33.75	33.61	0.87	2.41	5.26	8.16	8.96	7.61	6.37	1.93	0.82	0.61	7.76	2.76	5.90	12.87	15.14
河　南	10.34	8.06	3.45	7.09	7.25	0.49	0.38	0.35	0.46	0.47	4.36	4.14	3.74	3.84	3.88	1.91	1.88	1.67	2.14	2.25
山　东	8.84	6.52	3.86	4.95	4.99	0.16	0.10	0.13	0.09	0.09	3.73	3.31	2.77	2.49	2.51	2.14	1.92	1.79	2.07	2.09
吉　林	19.36	15.51	17.32	16.38	16.45	1.24	1.84	2.37	2.46	2.50	0.95	0.27	0.31	0.01	0.00	8.26	9.76	8.91	11.11	11.72
江　苏	7.67	6.33	5.87	5.34	5.54	3.23	2.44	2.21	2.26	2.34	1.72	2.39	1.96	2.12	2.21	0.54	0.46	0.42	0.41	0.43
四　川	7.88	5.80	3.76	4.67	4.69	2.41	1.84	1.63	1.46	1.45	1.57	1.31	0.01	0.92	0.89	1.21	1.01	0.95	0.99	0.99
河　北	11.46	7.73	3.89	6.18	6.09	0.16	0.17	0.15	0.08	0.08	4.38	2.84	2.82	2.38	2.33	3.22	2.31	2.61	2.96	2.95
安　徽	10.18	7.81	4.63	6.97	6.87	3.70	2.89	2.59	2.36	2.30	2.86	2.59	2.46	2.49	2.51	0.38	0.52	0.56	0.80	0.85
湖　南	8.28	5.76	5.72	4.60	4.63	6.43	4.69	4.05	3.85	3.86	0.44	0.22	0.12	0.04	0.03	0.21	0.13	0.29	0.28	0.32
内蒙古	20.44	17.60	12.04	22.66	21.39	0.07	0.36	0.51	0.38	0.34	7.76	5.24	2.65	2.33	2.33	0.56	3.51	5.58	10.24	10.85
湖　北	10.40	7.76	8.14	5.75	5.85	5.43	3.93	3.04	2.88	2.82	2.10	2.02	1.29	1.41	1.49	0.76	0.58	0.65	0.75	0.83
辽　宁	11.18	7.70	8.80	6.60	6.70	1.04	1.34	1.08	1.41	1.38	0.35	0.28	0.26	0.02	0.01	4.08	3.37	3.14	4.34	4.60
江　西	11.00	8.46	9.83	5.60	6.20	9.73	7.53	5.73	5.74	5.61	0.35	0.17	0.10	0.02	0.02	0.03	0.03	0.05	0.03	0.05

注：（1）本书主要选择了稻谷、小麦和玉米作为主要的粮食作物的代表；（2）户均经营规模的计算是用各省种植面积除以当年该省总的乡村户数。

资料来源：（1）农业户数来源于国家统计局分省年度数据的乡村户数数据库（1978～2012）；（2）播种面积来源于《中国统计年鉴》《新中国农业60年统计资料》。

主产省份小麦的户均经营规模整体呈现下降的状态。1978～2012年，除江苏省户均小麦播种面积有所增加外，其余省份都是下降趋势。以户均小麦播种面积最高的河南为例，2012年也仅为3.88亩，与1978年相比下降了11%。其他小麦主产省份如河北、山东、安徽等的户均小麦播种面积都在不断递减。2012年粮食主产省份的户均小麦播种面积为2.51亩，与1978年相比下降14.5%。

主产省份玉米户均经营规模有所上升。如表3－8所示，13个主产省份中有9个省份的户均玉米播种面积相比1978年都有所增加，其中黑龙江、吉林、辽宁以及内蒙古地区的玉米播种面积增长最快。2012年粮食主产省份的户均玉米播种面积为4.08亩，相比稻谷和小麦经营规模增长较快。

3.3 发展粮食适度规模经营的目标与条件

3.3.1 发展农业适度规模经营的目标

改革开放以后，我国建立家庭联产承包制度，在广大农村地区实行以家庭承包经营为基础、统分结合的双层经营体制。家庭联产承包制的确立，极大地解放了农村生产力，促进了农民的生产积极性，农村经济发生了翻天覆地的变化，农民生活水平明显提高。但是，随着市场经济的发展，经过30多年的时间，制度改革所带来的社会经济效应已经发挥到最大，传统的小农生产对农户收入的贡献越来越低，农民将更多的精力和时间投入到比较效益更高的非农行业，粮食增产和农业增收问题日渐凸显。此外，水资源短缺、环境污染和土地肥力下降，农业生产规模小、农业收入水平低，农村基础设施老化且长时间未经改造，农技推广、市场对接等社会化服务不到位等，都成为农业发展和农民收入提高面临的新制约因素。

1. 从宏观层面保障粮食安全

确保粮食安全始终是农业生产的重中之重。“以粮为主”是在人口众多、耕地较少的中国国情下始终坚持的思想，也是种植业一直以来保持的基本结构特征。从我国的粮食需求方面看，在国家粮食“十一连增”的背景下，谷物的进口数量仍然不断增加，除去国外农产品价格低的因素，我国对粮食消费持续、刚性的需求增长是主要原因。而目前全球粮食贸易量大约为3.51亿吨，只占我国粮食产量的58%。换言之，就算全球粮食交易全部出口到中国，也仅满足国内粮食消费量的一半。从粮食供给方面来看，2014年我国粮食产量为12 142亿斤，达到历史最高水平，是改革开放初期的2倍，但是在上升过程中总体波动较大，播种面积也很难再有继续增长的空间。粮食作为人民最基本的生活资料，任何一次供应紧张都可能引发大的波动，带来连锁反应，1987～1988年和1993～1995年我国粮食产量徘徊造成市场紧张、价格上涨并引发两次严重的通货膨胀就是证明。粮食本身的特殊性质和中国的“大国效应”决定着我国的粮食安全问题无论何时都要放在发展战略的第一位，是决定着经济发展、社会和谐与国家稳定的重要因素。

因此，确保粮食安全依然是此次结构调整的重中之重。在人多地少的中国国情下，确保粮食供给安全意味着中国人的饭碗必须掌握在自己的手中，这需要我们充分利用好现有耕地资源，提高土地资源使用效率。除了从基本农田保障开始，紧抓18亿亩耕地，加强基本农田建设，提升耕地质量水平，确保基本农田用途不变外，鼓励多种形式的农业适度规模经营，发挥专业大户、家庭农场、农民专业合作社、农业企业等新型经营主体的带动作用，建立农业社会化服务体系，提高粮食规模经营产出水平，也成为确保国家粮食安全的必经道路。农业适度规模经营是在家庭联产承包责任制下为解决过小的农户规模所提出的新概念，其范畴已经扩展到现代农业领域。早在20世纪90年代邓小平同志就说过，中国农业的发展必然会经历两个飞跃，其一就是在以家庭为单位的基础上实现农业适度规模经营。解决粮食安全问题，仅靠政府的农业政策支持还远远不够，鼓励和引导农业经营方式的改变，将分散经营的小农生产方式转变为专业化、集约化的适度规模经营，是在现有条件下保障粮食安全的重要途径。

2. 从微观层面增加农民收入

自1998年以来，中国农业发展的目标由单一的“发展生产、保障供应”向“农业增产，农民增收”的双重目标转变。2008 年，中共十七届三中全会提出“到 2020 年国家粮食安全和主要农产品供给得到有效保障，农民人均纯收入比 2008 年翻一番”的农业发展目标。

农业收入的稳定增长对实现农民增收具有非常重要的作用。改革开放前，我国市场经济不发达，农民家庭收入全部来自农业，尤其是粮食产业，这时农村人均耕地达到 2.7 亩，农民种粮积极性也比较高，在消费方面也主要以自给自足为主。

1978 年后，在改革开放的带动下中国经济飞速发展，而市场化开放的大背景下农户改变家庭收入状况更多地需要依靠种植非粮作物或者进入非农产业来实现。在新阶段，农业对农民增收的贡献能力已经呈现出明显减弱的趋势。以 2000 年为例，农业人均纯收入占农村人均纯收入的 37%，比 1995 年下降了 14%，农业收入在农户家庭收入的重要程度已经开始降低。2008 年以后，农业人均纯收入甚至不到农村人均纯收入的1/3，其中 2012 年农业人均纯收入 2 107 元，农村人均纯收入 7 917 元，农业人均纯收占农村人均纯收入的 26.6%，已经跌至 1/4（见图 3 -4）。

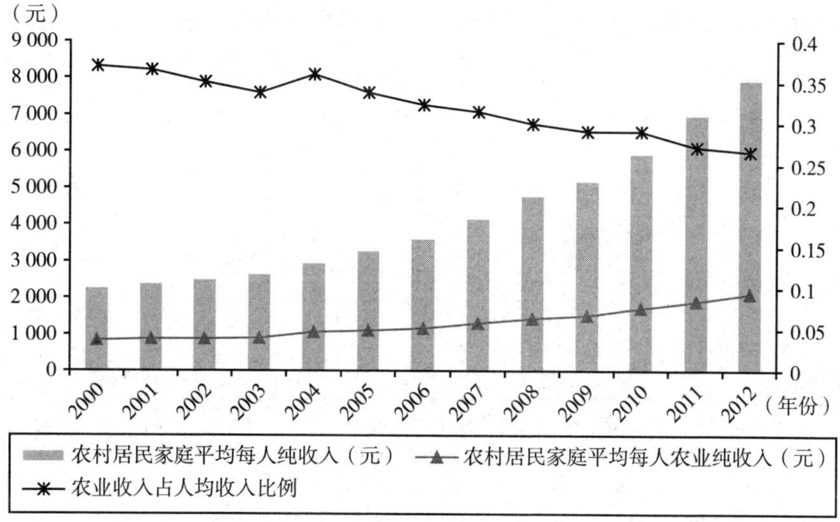

图 3 -4　中国农村人均纯收入与农业人均纯收入变化（2000 ~ 2012 年）

资料来源：根据《中国农村统计年鉴》的有关数据计算得到。

农业收入占农民家庭收入的比例大大降低，一方面是因为农村人均耕地面积的减少，由中华人民共和国成立初期的人均耕地 2.7 亩减少至现在的1.3亩，户均仅为3.6亩；另一方面随着农业生产成本的增加，传统经营方式难以实现增加农民收入的目标。纯农户的种粮收益已经远低于种植经济作物和外出打工的收益，一些农户选择非农就业来增加收入，农户种植粮食的积极性也越来越低。通过粮食规模经营进而实现农户增收，成为政府与农民生产目标的交集，是实现"农业增产，农民增收"两个重要目标的连接点。2014年，我国农民人均纯收入达到9 892元，同比增长9.2%，然而，来自农业的收入仅占1/4，且呈现不断下降的趋势，通过农业尤其是种植业促进农民增收面临挑战。首先表现在农业内部中种植业总产值的变化，种植业在农林牧渔总产值中的比重由1978年的79.99%下降到2013年的53.09%（见表3-9），种植业对农业的收入贡献率降低。其次表现在农业生产成本以及利润率的变化。随着农资价格和人工成本的不断上涨，农业生产成本节节高升，成本利润率不断下降，以三大主粮的平均费用为例，2013年比2008年平均每亩的物质与服务费用、土地成本及人工成本分别增长44%、82%和146%，每亩的成本利润率也由33.14%降至7.11%。最后，表现在农民家庭收入结构的变化与挑战。2013年农村人均纯收入中工资性收入首次超过家庭经营性收入，农业收入中的农民财产性和转移性收入也呈现出迅速增长的势头，农民增收越来越多地依赖非农产业。因此，在农业增产的基础上，怎样提高农民收入水平成为现阶段农业发展的重要目标。

表3-9　　中国种植业生产结构的变化情况　　单位：%

年份	1978	1980	1985	1990	1995	2000	2005	2010	2012	2013
种植业占农林牧渔总产值	79.99	75.63	69.25	64.66	58.43	55.68	49.72	53.29	52.47	53.09
粮食作物占农作物总播种面积	80.34	80.09	75.78	76.48	73.43	69.39	67.07	68.38	68.05	68.01

注："农林牧渔"中"农"指的是种植业。

资料来源：根据《中国统计年鉴》的有关数据计算得到。

3. 产品供给与需求、资源与环境等多重目标要求

随着经济形势以及农业内外部环境的改变，我国种植业已经进入产品供给与需求、资源与环境、生产与收益等多重目标要求的新时期。首先，表现为对农产品品种结构和质量安全的要求。随着城乡居民生活水平稳定

地越过温饱线，城镇居民和农村居民的恩格尔系数分别从 1978 年的 57. 5% 和 67. 7% 下降到 2013 年的 35% 和 37. 7% ，农产品的需求弹性也随之下降，城乡居民消费水平提高，消费结构升级，对肉、蛋、奶等高附加值农产品以及高质量的绿色、安全农产品需求增加。根据《2013 中国粮食发展报告》，2003 ~2012 年，我国食用粮年人均消费量由 246 千克下降到 204 千克，总量由 6 347 亿斤减少到 5 532 亿斤，而饲用粮总量由 2 561 亿斤增加到 3 977 亿斤，占粮食总消费比由 26% 提高到 34% 。除此之外，我国还每年进口大量的大豆、玉米用于满足饲料需求，饲料粮的有效供应成为解决中国粮食供求矛盾的重点。另外，我国农产品供给的贸易方面，面临价格“天花板”封顶和生产成本“地板”抬升双重挤压，主要农产品国际国内价格倒挂也导致农产品国际竞争力下降。未来我国还要依照承诺进一步实施进口关税配额，农业将面临更大的农产品进口压力，特别是基础农产品的进口压力。

其次，对粮食生产与资源环境保护并重的要求。从资源方面来看，我国的水土资源相对短缺，据统计，中国人均水土资源占有量仅为世界平均水平的 28% 和 40% ，且空间分布不均，北方耕地面积占全国总耕地面积的 60% ，而水资源占有量仅为 20% 。水土资源匹配严重错位导致水资源供需矛盾更加尖锐，黄淮海平原的“漏斗区”就是由于长期过量抽取地下水进行灌溉而形成的，并使当地产生了地下水污染和耕地盐碱化的问题。此外，我国农业用水效率在 40% 左右，仅为发达国家的一半，这更进一步加剧了水资源的紧缺。农业生产对资源消耗还表现为东北黑土层变薄、土壤有机质含量降低等。农业环境方面，我国农业污染加剧主要有两方面原因。一是由于过量施用化肥、农药带来的污染。由于大部分化肥袋包装上无使用量的详细说明，农民经常是过量施用化肥。化肥施到地里，只有 1/3 能被作物吸收转化为营养，其余 2/3 的部分残留在土壤中，会使土壤里氮、磷、钾三种元素比例失调、土质坚硬，也会随雨水冲刷流入江河，造成一定的水源污染。化肥的使用能够使农作物产量增加，但是化肥过量使用反而会破坏土壤肥力；农药能够杀死害虫，但长期大量使用农药，也会杀害一些害虫的天敌，破坏生态循环系统；地膜不易分解，长期大量使用会降低土壤的透气性、透水性，影响作物的产量。我国化肥、农药单位面积施用量都远远高于世界发达国家，但是利用率却依然很低，氮肥利用率在30%~40%，农药利用率仅为30%~35%。二是由于工矿企业生产造成的土壤污染，尤其是南方部分水稻产区耕地重金属超标，这些都直接影响到农产品的产量与质量安全，生态环境的压力日益增加。总之，我国农田和生态环境已经受到过量投入化肥、农药、农膜以及工业污染的严重威胁，科学、合理地配置生产资料迫在眉睫。

适度规模经营的好处，一方面是更加有利于农业新型生产技术的推广、农产品标准化程度的提高，为向资源节约型、环境友好型生产方式转变提供基础，保障农业的可持续发展；另一方面是提高农民的组织化程度、节约交易成本，在粮食稳产增产的情况下实现农民增收。此外，将土地流转给懂技术、有农业生产经验、愿意扩大规模、从事专业化农业生产的农民有利于解决我国未来“谁来种地”的问题。

适度规模经营能够提高土地利用率。在中国耕地资源有限的条件下解决粮食供给问题，首先要充分利用好现有的18亿亩耕地资源，提高土地利用率。农民进城务工后导致很多耕地出现粗放经营甚至撂荒现象，而种粮大户流转质量较差的耕地或者别人闲置的土地，能够达到提高土地利用效率的目的，并通过新品种、新技术的使用以及专业化生产，提高粮食产量。

适度规模经营能够提高农业生产技术和农产品质量水平。与传统小户相比，种粮大户往往倾向于采用新科技、新品种等方式提高农业生产效率，其在良种、高效栽培、农药防治、测土配方施肥等新技术的应用和推广较快。适度规模经营通过提升科技水平使农产品质量以及产量高于一般农户，对释放我国粮食增产潜力具有重大意义。

适度规模经营的发展能够提高粮食生产的组织化和专业化水平。农民专业合作社、农业企业等规模经营主体极大地提升了农户的组织化程度。农民专业合作社主要提供优质种苗、化肥、农药、农机、产品加工包装、营销等农业专业化服务，龙头企业以订单农业等方式带动农户参与市场竞争，增强农业抵抗力和抗风险能力，提高农户的组织化水平。此外，在土地流转过程中耕地向部分专业大户和种田能手集中，经营规模达到一定程度后，使农业经营者的经营效益达到外出务工的收入水平，成为专业耕作者，确保了农业劳动力的数量和质量，有利于实现农业专业化生产。

因此，从国家宏观角度的稳生产和农户微观角度的促增收就成为粮食规模经营的最直接目的。2014 年《关于引导农村土地经营权有序流转发展农业适度规模经营的意见》中再次提出以保障国家粮食安全、促进农业增效和农民增收为目标，加快构建现代农业经营体系。土地流转和新型经营主体的发育，以及节本降耗等技术的应用，将有利于家庭经营收入的增长，由此带来规模化产生的规模收益、结构调整产生的效益收入、成本降低而增加的总收益等，能够使家庭经营收入保持平稳。新型经营主体的快速发展意味着通过机械化和规模经营提高农业生产效益将成为未来发展的趋势，实现粮食生产向规模化、市场化和专业化的现代生产方式转变（见图 3－5）。

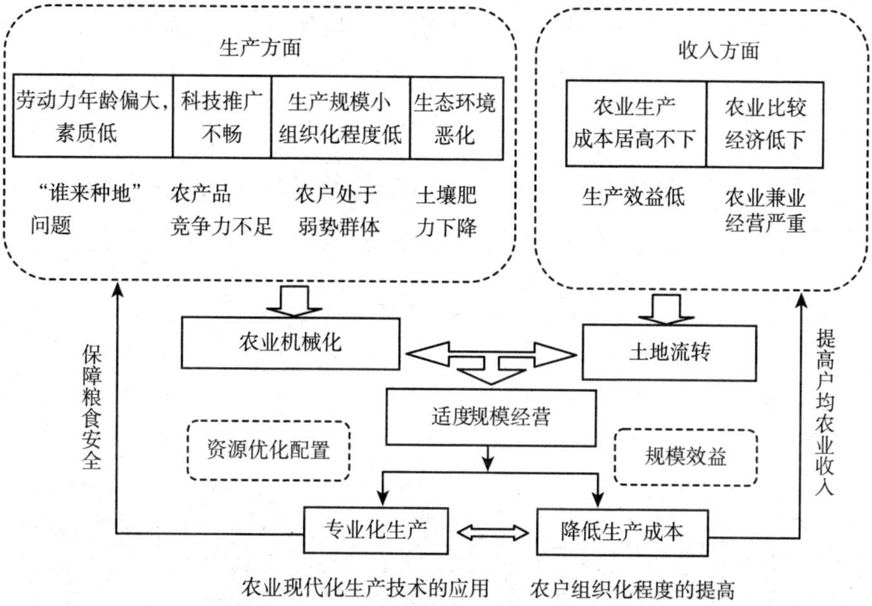

图 3－5　农业适度规模经营目标及实现路径

3.3.2　我国所具备的适度规模经营条件

1. 农业劳动力向非农产业大量转移为扩大土地经营规模提供了前提条件

中国农业劳动力由第一产业快速向第二、第三产业转移，农业生产以劳动密集型为代表逐渐向资本、技术密集型转变，为实现农业生产规模经营提供了条件。在中国，农户户均耕地面积只有6亩左右，造成农村农业劳动力饱和，大量劳动力向第二、第三产业转移。如表3－10所示，1952年，从事第一产业的人数约占总产业人数的83.5%。1978年，这一比例降至70.5%。到1992年，第一产业的人数约占总产业人数的58.5%。2003年，比例下降至不到总产业人数的一半。直到2014年，第一产业的人数约占总产业人数的29.5%。从1952～2014年，这62年间从事第一产业的人数约占总产业人数的比例下降了54%。1952年以后，尤其是从1978年以后，中国农业部门劳动力急剧下降的主要原因是农村乡镇企业的就业吸收以及政府户籍制度的放松。从1978年至1997年，中国乡镇企业数目从1 500万家增长到2亿家，随着户籍制度的放开，农村劳动力大规模的涌向城市。

表3－10　我国三大产业从业人数比例变化（1952～2014年）

年份	第一产业	第二产业	第三产业
1952	83.5	7.4	9.1
1962	82.1	8.0	9.9
1970	80.8	10.2	9.0
1978	70.5	17.3	12.2
1990	60.1	21.4	18.5
1991	59.7	21.4	18.9
1992	58.5	21.7	19.8
1993	56.4	22.4	21.2
1994	54.3	22.7	23.0
1995	52.2	23.0	24.8
1996	50.5	23.5	26.0
1997	49.9	23.7	26.4
1998	49.8	23.5	26.7
1999	50.1	23.0	26.9
2000	50.0	22.5	27.5
2001	50.0	22.3	27.7
2002	50.0	21.4	28.6

续表

年份	第一产业	第二产业	第三产业
2003	49.1	21.6	29.3
2004	46.9	22.5	30.6
2005	44.8	23.8	31.4
2006	42.6	25.2	32.2
2007	40.8	26.8	32.4
2008	39.6	27.2	33.2
2009	38.1	27.8	34.1
2010	36.7	28.7	34.6
2011	34.8	29.5	35.7
2012	33.6	30.3	36.1
2013	31.4	30.1	38.5
2014	29.5	29.9	40.6

资料来源：根据《中国统计年鉴》的有关数据计算得到。

2. 农业生产机械化水平迅速提升为适度规模经营提供了技术支持

农业机械总动力的上升、农业机械的增加，意味着农业生产更多地开始依赖机械动力，我国农业生产开始向劳动节约型方向转变。据《中国统计年鉴2015》数据，从农业机械总动力的发展情况来看，农机总动力由1978年的11 749万千瓦上升到2014年的108 056.6万千瓦，上涨了9.2倍。从大型农业机械和小型农业机械的发展情况看，大中型农机械由1978年的55.7358万台上升到2014年的567.95万台，上涨了10倍；小型农机械从137.3万台上涨到1 729.8万台，上涨了12.6倍。在这个过程中，小型农业机械数目的涨速较为均匀，且从2011年开始呈现下降趋势，而大型农业机械的数目自2004年表现出相对急剧的上涨趋势。大型农业机械的急剧增加，为农业生产规模化的迅速发展提供了条件。

3. 农村土地流转市场的开放促进适度规模经营的实现

我国农村土地流转市场逐渐放开，提高大田种植农户的耕地可得性。截至2014年底，我国农村承包耕地流转面积达3.8亿亩，占承包耕地总面积的28.8%，相比2013年流转率增加了2.8%。假定按照年均2.8%的增长速度计算，到2030年我国农村承包耕地流转率将达到59%。目前，土地流转速度主要受到耕地资源条件（地势不平、水源不利、不能连片等）、耕地流转的谈判协调程度以及流转后规模经营效益好坏的影响。耕地可得性的提高可以增加总产出、提高要素产出率、降低生产成本，显著增加农户大田种植收入，加快现代化种植业发展进程和保持粮食生产的稳定。此外，合理的耕地流转租金和有效农村金融服务也可以提高大田种植农户的耕地可得性。

4. 经济发展水平的提高以及农业政策扶持为适度规模经营的稳定发展提供保障

经济发展水平的提高以及农业政策支持有利于发展农业适度规模经营（见有3－11）。经济发展水平提高后，城镇化建设亟须大量的农业劳动力，农村中青年劳动力大部分选择外出务工，农业劳动力基本呈现老龄化和妇女化现象。加上社会保障制度逐渐健全，农户有了农村社会养老保险、新型农村合作医疗、农村最低生活保障等社会保障，为土地流转提供了条件。经济发展水平及当地农民收入水平的提高为农业适度规模经营创造了有利条件，使农户可以通过自身的逐步积累，实现经营方式的转变。近年来政府对农业的扶持政策也越来越多，粮食直补、农机具购置补贴、农业保险补助、良种补贴等政策直接调动起了各经营主体的粮食生产积极性。

表3－11　　我国现有的农业扶持政策

耕地保护政策	农田水利设施建设政策	财政支持政策	粮食保险政策	税收政策	粮食科技政策
耕地保护与质量提升；	农田水利建设；	三项补贴（粮食直补、农资综合补贴和良种补贴）；	农业保险补助	取消农业税	农业科技推广
测土配方施肥	节水灌溉	农机具购置补贴；			
基本农田保护	粮棉油糖高产创建	种粮大户补贴； 农产品价格支持补贴；			
		产粮大县补贴			

3.4 农户演化与适度规模经营的探索

3.4.1 中国传统小农户的演变与分化

随着经济水平的提高，农户家庭的经营目标导向发生变化，从生存保障为主的单一目标向生存与富裕并重的双目标发展（徐志仓，2011）。但是，在粮食生产比较效益低下、需求价格弹性小的特点下，农业产值的增长水平有限，农业收入在农户经济中不断被边缘化，兼业和弃农成为普遍现象（何秀荣，2009），农业渐渐“衰落”。在这个过程中，传统小农户的演变与分化具有以下两个特征。

1. 农户家庭的非农化经营

我国过小的户均耕地面积使农户向非农和兼业化方向发展。根据第二次全国农业普查数据公报结果显示，2006 年末我国共有 20 016 万户农户，平均每户耕地面积不足 7 亩，而美国单位农场面积是我国户均面积的 380 倍[①]。此外，2013 年我国的纯农户占总农户数量的 39.7%，非农户和兼业农户占到农户数量的一半以上（全国农村固定观察点数据），而在 1993 年这一比例还保持在 49.9%。

根据 1986 年到 2010 年全国农村固定观察点的农户调查数据[②]，将种粮农户大致分为四类：非粮户（不种植粮食）、自粮户（种粮面积小于 10 亩）、小规模粮户（种粮面积在 10～50 亩之间）以及种粮大户（种粮面积超过 50 亩）。其中，非农户大大增加（由 1986 年的 5.4% 到 2000 年的 10%，到 2010 年涨至 26%），自粮户比重最大（略微下降，但占农户总量的比重长期在 50% 以上），小规模粮户呈下降趋势（由 1986 年以来的 40% 逐步下降到 2010 年的 24%），种粮大户比重逐步上升（1986 年所占比例

① 2014 年，美国单位农场面积为 438 英亩，也就是 2 659 亩。

② 农业部课题组、田国强、王莉等：《粮食生产经营主体变化及其对粮食安全的影响》，载于《农产品市场周刊》2013 年第 28 期。

为1.2%，2010年达到2.4%）。

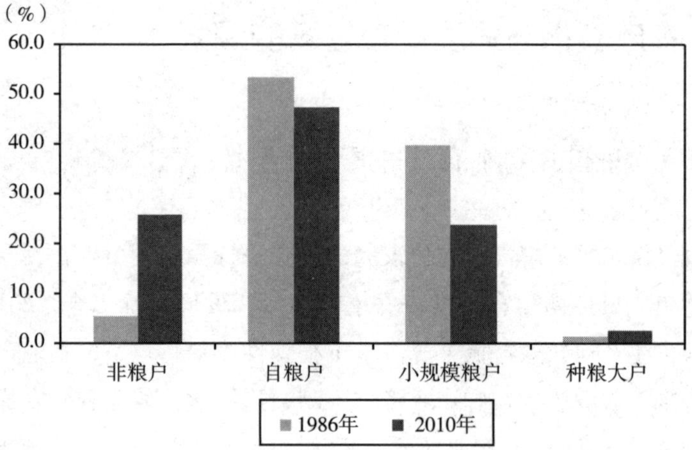

图3-6　种粮农户的变化：1986年与2010年的对比

资料来源：全国农村固定观察点数据。

2. 农业剩余劳动力的兼业化转移

自20世纪80年代起，我国农业劳动力开始转移，改革开放以后，农业劳动力转移速度明显加快。随着非农就业行为的普遍，兼业农户数量大大增加。农业部农村经济研究中心农村固定观察点数据表明，2010年农户的非农工作时间占总劳动工作时间的比例达到61.11%（李庆，2013）。农户兼业是伴随我国工业化、城镇化发展过程中的一个必然现象，也已经成为农业农村发展的普遍现象，而且在今后相当长一段时期内农户兼业化经营现象仍会存在。

3.4.2　适度规模经营是农业发展的必然趋势

家庭承包经营体制改革后，极大地调动了农民的生产积极性，传统小规模农户在短时间内对迅速促进农业生产发展以及农民收入的提高发挥了巨大作用。用不到五年时间就解决了农民的温饱问题，部分农产品还一度出现过剩，在促进农业生产以及农民收入方面取得了令人瞩目的制度绩效。然而，随着社会的发展和经济条件的改变，传统小规模农户也暴露出诸多问题。

在粮食生产方面，传统小规模农户的生产极不稳定。自给和半自给为主的小农户生产结构对粮食的市场供给和需求是反向变动的关系。在丰产年份，小农户除去口粮外还要将富余的粮食投入市场，加剧了市场过剩；稍遇灾年，小农户无法实现粮食自给，需要从市场购买部分口粮，进一步扩大市场供给短缺。稳定性极差的小规模农户生产造成粮食等基本消费品供需的不稳定性，对社会安定以及国民经济的持续发展也产生了一定的影响。

在增加农户收入方面，粮食生产比较效益偏低，且无法通过提高粮食价格解决这一问题。自 1979 年以来，粮食价格经过几次调整提高，最终又都周期性地比价回归更是证明了这一点。1993 年后，国家全面放开粮价对价格上涨刺激很大，但是由价格提升所形成的大部分利润最终停留在了流通领域。处于生产领域的农民从粮价上涨中得到的利润并不多。而且自给半自给的小农户生产的粮食商品率极低，提价对农民的总收益提升激励作用不大。因此，仅依靠价格手段无法从根本上解决增加农户收入的问题。

农户在粮食生产过程中追求的是效益最大化，往往通过追加投入来扩大总收益，或者通过降低成本的方式获得相对效益。但是，目前我国劳动力价格不断上升，粮食生产技术也基本达到成熟状态，加之粮食价格宏观调控严格，要想通过追加投入来扩大收益是一件较为困难的事情。庞大的农村人口基数和家庭联产承包制下的人均分配土地制度，形成了我国小规模农业生产的状态，使我国增加农户收入、科技推广与农业基础建设方面困难重重，严重阻碍着我国农业现代化的进程。

农业适度规模经营中的农业规模化、机械化的发展特点迅速顺应农业现代化这一形势。目前，种粮大户和农民专业合作社采用的就是通过规模化、机械化的方式，集中购买农资、农具和使用机械作业，通过降低农资价格和提高机械使用效率、降低粮食生产成本，在保持产量基本不变的情况下获取额外收入。例如，在对山东菏泽兴业农民合作社的调研中发现，该合作社耕地经营规模为 2 000 亩，在大批量购买化肥农药时价格比普通小户要低 10% 左右，在农资支出中化肥农药这一块每亩最少可节约 50 元的费用，总计获得 10 万元的可观收益。从机械使用角度出发，亩均分摊的机械费用和交易成本也大大降低。此外，由于交易数量大，在粮食销售价格方面也比当地小农户更占优势。经营规模扩大使农户总收入增长，规模效益的增加也会弥补粮食生产比较效益低的特点。农业适度规模经营需要生产者大量的固定资产投入，这在一定程度上降低了其在资源配置上的流动性和灵活性，有利于农业生产的稳定性和长期性，最终形成专业化生产。

粮食适度规模经营在提高农户种粮收益的同时还可以稳定粮食生产，对农业生产技术的推广具有一定的促进作用，有利于农业现代化长远目标的实现。尽管目前小农生产模式仍具有一定优势，但以发展的眼光来看未来必将为粮食适度规模经营所取代。因此，发展适度规模经营，培育经营规模大、集约化程度高、市场竞争力强的新型农业经营主体，成为突破当前农业发展困境、推进农业现代化的必然要求。

3.5 粮食经营规模适度值的选择与实现

发展适度规模经营并不是规模越大越好，那么，判断中国现阶段的适度规模应采用何种度量值呢？在已有的文献中，结合不同地区的情况，研究学者分别从单产、收益以及劳动生产率方面提出了对土地经营规模的度量（齐城，2008；黄新建等，2013）。然而，不同的考虑视角会带来不同的规模评价标准，根据标准所测度的最优规模也有较大差距，因此有必要对选择标准进行详细的论述。

3.5.1 “适度性”的多种判定标准

农业适度规模经营可以有效促进科技在农业生产中的推广和使用，提高土地产出率和劳动生产率，实现较高的经营效益。但规模并不是简单的越大越好，合理的、经济最佳的规模还需要用一些经济评价指标进行具体分析判断。我国现有的研究中关于适度规模的判断标准基本分为两大类：基于国家宏观视角的土地产出标准（土地产出最大化、综合效率最大化等指标）和基于农户微观视角的收入标准（家庭收入最大化、农业收入最大化等）。具体如图3－7所示。

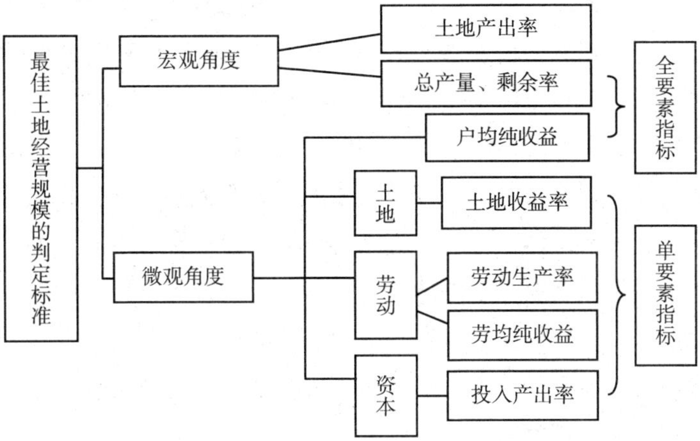

图3－7　土地适度经营规模的判定标准

注：剩余率来源于马克思“富的程度不是由产品的绝对量来计量，而是由剩余产品的相对量来计量”（《马克思恩格斯全集》第23卷，人民出版社1973年版，第257页）。

1. 宏观角度指标

农业总产出最大化是从宏观角度出发对农业的一个基本要求。从国家及社会利益角度要求产出越大越好，因此产量最大化指标也成为政府判断农业经营规模适度与否的首要标准，其内涵与土地产出率指标是一致的。由于粮食的弱质性、正外部性以及粮食的重要战略地位，为保障农业总产出最大化目标的实现，政府往往都会对粮食生产进行一定的政策扶持。

土地产出率指标是以平均每单位土地面积上农作物产出量的最大化为目标所得出的最优经营规模指标，也可称为单位面积产量指标。作物品种、劳动、资本以及技术等在土地上的主要投入要素对土地产出率的变化有直接的影响。不同的投入要素数量及组合的变化会导致土地产出率不断变动，因此，根据土地产出率最大化指标确定的最优规模相对来说是动态的。

2. 微观角度指标

户均纯收益指标在定义耕地经营规模时以使种植户的年收入与当地城

镇居民平均收入水平达到一致时的规模作为目标值。钱克明（2014）采用户均纯收益指标，分析得出在保证种粮大户家庭收入与城镇居民收入水平一致的情况下，北方的适度规模是120亩，南方的适度规模为60亩①。

土地收益率指标是以单位面积产出收益最大化为目标所得出的最优经营规模指标，也可称为亩均纯收益指标。土地收益率相对于土地产出率指标更多地是考虑到投入成本等价格因素，主要受到投入、产出要素价格因素的影响。在一定条件下，这一指标所对应的亩均纯收益最大化时的面积就可以认为是最优土地经营规模。

劳动生产率指标是以单个农业劳动力的农产品产量最大化为目标所得出的最优经营规模指标。该指标与科技进步情况、劳均耕地面积以及劳均资金情况有极强的相关性。

劳均纯收益指标是以单个劳动力获得的农业纯收入最大化为目标所得出的最优经营规模指标。在具体判断一个生产单位的最优规模时，假定在其他条件不变的前提下，当劳均土地规模达到一定程度时可以获得劳均纯收益的最大化，这个规模值就是既定条件下该指标所对应的最优经营规模。

投入产出率指标（利润率最大化）是一个综合指标，是从整体生产出发，通过要素组合以追求较小的投入量获取最大的产出量的最优经营规模指标。投入产出率指标综合各个投入产出要素，属于全要素生产率指标。投入产出率指标的最优土地经营规模随当地经济发展水平、自然环境而变化。

3.5.2 粮食适度规模经营尺度选择

结合前面所提及的农业适度规模经营的各种标准，根据保障粮食安全和促进农民增收的发展目标，若仅从宏观视角考虑粮食总产量会忽略农户的种粮积极性，不符合农民增加收入的主观能动性；若仅从微观农户收入视角考虑的话，农户追求的是家庭或者个人收入最大化，并不考虑宏观粮食供给的问题，不利于国家粮食安全的保障。只有将调动农户生产能动性

① 2010年，我国城镇居民家庭人均可支配收入为19 109元，按规模经营每亩粮食生产纯收益500元计算，北方适度规模≈3.1（户均人口）×19 109（年人均收入）/500（亩纯收益）=120亩，南方适度规模≈3.1×19 109/500/2（每年两季）=60亩。

的微观目标和粮食产量最大化的宏观目标结合起来的标准才具有实际参考价值。因此，综合前面农业适度规模经营的各种标准，本书最终选取全要素生产率作为指标，以生产效率最优为衡量适度规模的度量值，判断农业适度经营规模。最终在确保粮食生产效率的基础上，通过政策的扶持以及规模的适度提高确保农户收入，以兼顾微观与宏观生产目标。

适度规模的研究必须结合当地所具备的实际发展条件。中国地域辽阔，自然条件复杂多样，各地经济发展水平差异较大，并不适宜在全国范围内普遍采用同一个农业经营规模标准。因此本书选取黄淮海地区作为研究区域，以河南、河北、山东为调研对象，研究黄淮海地区粮食适度规模经营。选取河南、山东、河北地区作为研究区域是因为三省都是我国的粮食主产省，地理位置紧邻且经济发展条件相似，确保了适度规模研究的有效性和代表性。

3.6 本章小结

自新中国成立以来，我国粮食产量呈波动增长趋势。小麦生产布局基本稳定，形成以中部黄淮海地区为主的生产区域布局。玉米生产向北扩展，形成主要以北方和中部地区为主的生产区域布局。粮食作物在总作物播种面积中所占比重下降，玉米作物所占比重增加。

在此期间我国分别经历了“自给自足”经济与传统小农经营下的小块平均经营生产阶段、“农业合作化”生产与集体经营下的土地经营规模的简单机械归并生产阶段，以及农业适度规模经营条件渐趋成熟生产阶段。得出我国农业经营规模不宜盲目扩张，发展适度规模应重视农业生产效率提高的建议。

发展粮食适度规模经营对保障我国粮食安全和实现农民增收具有重要的意义。而我国农业劳动力的非农转移、农业生产机械化水平的迅速提高、农村土地流转市场的开放以及农业政策扶持都为我国适度规模经营发展提供了条件。最后，在粮食适度规模经营的发展目标下，选取全要素生产率作为衡量适度规模的判定标准。

第 4 章

黄淮海地区粮食适度规模经营主体的发展分析

伴随传统农户的演变和分化，我国农业适度规模经营逐渐展开，新型农业经营体系正在形成。目前，我国的粮食生产经营主体主要包括传统小规模农户、家庭农场、种粮大户、农民专业合作社和农业企业。本章首先是对我国农业经营主体的形成和发展进行探析，掌握我国新型农业经营主体的形成数量、规模、发展模式及优劣势，通过比较不同经营主体及不同模式的特点，最终选出适合发展粮食适度规模的生产主体。

4.1 全国新型农业经营主体的发展现状

目前，我国新型农业经营主体主要为家庭农场、种粮大户、农民专业合作社以及农业企业。根据农业部（2014）调研结果，我国现有农户 2.4 亿多户，其中，家庭农场有 87.7 万个，占全国农户总数的 0.37%；种粮大户 68.2 万户，占全国农户总数的 0.28%；农民专业合作社 116.62 万个，占全国农户总数的 0.49%，农民专业合作社中粮食类合作社有 5.59 万个。

4.1.1 家庭农场发展形式多样

1. 发展规模

根据农业部对家庭农场的定义，家庭农场是指以家庭成员为主要农业劳动力，以农业收入为家庭主要收入来源，实行规模化、集约化和商品化生产方式的新型农业经营主体。[①] 结合此定义以及国内学者的相关研究（见表4-1），对家庭农场的特征进行归纳，概括起来具有以下特点：以家庭经营为主，家庭成员为农业主要劳动力；经营规模水平与普通小农户具有一定的区别；面向市场，以利润最大化为目标，实行企业化管理；具有先进的生产技术和现代经营理念，实行专业化生产。

表4-1　　关于家庭农场特征研究

研究者	家庭农场特征
黎东升等（2000）	以农户家庭为基本组织单位，面向市场，以利润最大化为目标，从事适度规模的农林牧渔的生产、加工和销售，实行自主经营、自我积累、自我发展、自负盈亏和科学管理的企业化经济实体
朱学新（2006）	农户家庭经营、现代化技术、适度规模、以市场为导向的企业化管理
朱启臻（2013）	具有一定规模，以家庭劳动力为主，经过工商注册，承包地面积及地点具有一定的稳定性
赵佳等（2013）	以农户家庭为主，具备一定经营规模，收入主要来自农业的市场主体
高强等（2013）	家庭经营、适度规模、市场化经营、企业化管理
农业部（2013）	指以家庭成员为主要劳动力，从事农业规模化、集约化、商品化生产经营，并以农业为主要收入来源的新型农业经营主体
苏昕等（2014）	土地适度集中、劳动力充分就业、商品化经营、现代化经营

资料来源：根据中国知网文献整理得到。

而国外对于家庭农场的定义基本没有规模的限制。美国农业部对家庭农场的定义为“任何个人独资、合伙或家族企业的农场组织。家庭农场不包括非家族企业或合作社，以及雇佣经理的农场”。根据这一定义，美国家庭农场几乎占到所有农场的96%。[②]

根据我国农业部对全国家庭农场的统计调查，截至2012年我国共有87.7万个家庭农场，平均农场经营面积为200亩，为普通农户经营面积的27倍。我国家庭农场的实际发展特征主要表现为：

一是以家庭劳动力为主。平均每个家庭农场拥有农业劳动力6.01人，其中来自家庭成员的劳动力为4.33人，雇佣劳动力为1.68人。

---

① 《农业部关于促进家庭农场发展的指导意见》。

② 资料来源：美国农业部网站，Economic Research Service 2007 Family Farm Report。

二是主要以种养业为主。全国家庭农场中，经营种植业的家庭农场约有40.9万多个，占总数的46.7%；经营养殖业的家庭农场约有39.9万多个，占总数的45.5%；种养结合的家庭农场有5.3万多个，占总数的6%；经营其他行业的家庭农场约有1.6万多个，占总数的1.8%。

三是平均收入高于当地平均水平。全国家庭农场经营总收入达1 620亿元，平均收入18.47万元，高于当地平均收入水平。

四是家庭农场规模水平整体偏低。按照我国家庭农场规模分类，从表4-2可以看出，经营规模在50亩以下的占总数的55.2%，50~100亩的占21.6%，100~500亩的占19.5%，500~1 000亩的占1.8%，1 000亩以上的占1.9%。规模大多分布在50~100亩及50亩以下，说明目前我国大部分家庭农场的经营规模还比较小，仍需进一步挖掘发展潜力。

表4-2　2012年家庭农场规模分类

规模	数量（万个）	比例（%）
小于50亩	48.2	55.2
50~100亩	18.98	21.6
100~500亩	17.07	19.5
500~1 000亩	1.58	1.8
1 000亩以上	1.65	1.9

资料来源：2013年6月农业部《中国家庭农场发展报告》。

2. 发展模式

在国家政策的鼓励下，人们积极探索有益于农业生产的各种适度规模经营模式。本章主要通过对具有一定代表特点的全国五大家庭农场发展模式进行总结（见表4-3），分析各地发展较好的家庭农场的共性因素。

表4-3　全国五大家庭农场样本模式

	浙江宁波	吉林延边	上海松江	湖北武汉	安徽郎溪
经营模式	公司化模式	专业农场模式	集体承租模式	循环农业模式	家庭农场示范模式
家庭农场数	600多户	451户	1 200户左右	167户	216户
亩纯收入			600~800元		584元

续表

	浙江宁波	吉林延边	上海松江	湖北武汉	安徽郎溪
平均年收入	38 万元左右	10 万元以上	7 万~10 万元	超过 20 万元	2.89 万元
平均经营面积	50 亩以上	1 275 亩	100~150 亩	15~500 亩	50 亩以上
生产方式	公司化经营。纯种植型 279 家，畜牧型 106 家	以家庭为基础；以合作社、龙头企业为基础；以资本下乡为基础	种养结合型（53 家）；农机结合型（140 家）；纯粮食种植型（1 013 家）	种植；水产；种养型；循环农业	农场+农户
生产对象	蔬菜、瓜果、畜禽养殖	玉米、稻谷、大豆、蔬菜	粮食作物	优质稻、油菜、蔬菜；水产；畜禽	水稻、小麦、茶叶、蔬菜
开始时间	1985 年以后	2008 年	2007 年	2009 年	2009 年
特点	民间自发行为，以市场为主导，公司化形式，有自主商标	规模大、政策优惠多	规范组织生产、标准化生产	必须是本地户籍，高中及以上文化水平	"家庭农场协会"；发展和培育示范农场

资料来源：《全国家庭农场五大样本》，载于《领导决策信息》2013 年第 17 期。

（1）以产业化、示范模式为代表。上海松江区家庭农场实行产前、产中、产后一体化管理，以集体承租的方式对农业耕地进行流转，通过政府的规划和协调，对农田基础设施进行建设改造，将科学规划好的耕地分配给愿意从事农业生产的农户，并为家庭农场的科学选种、农业技术推广、标准化生产以及市场销售提供相关指导和信息，建立起家庭农场的配套服务体系。

农户模范示范模式是安徽郎溪家庭农场的主要特点。安徽郎溪政府对家庭农场进行评选，对优秀家庭农场给予财政补贴和贷款信用担保扶持以及资金上的奖励，并提供农业科技人员的定向帮扶等技术支持；通过"一村一品"品牌管理模式的建立，挖掘和注册以村为单位的特色农产品商标，形成以品牌为核心的农场经营模式。①

① 《中共安徽省郎溪县委郎溪县人民政府关于促进家庭农场持续健康发展的意见》，2013 年。

（2）以公司化、市场化模式为代表。浙江宁波家庭农场以民间自发型、市场化、公司化为主要特征，是中国发展得比较早的家庭农场。在20世纪80年代中后期，宁波就出现了一批具有一定经营规模的种粮大户，成为家庭农场的雏形。90年代后期，在政府引导下，这些种植大户以及养殖大户都主动在工商部门登记注册成为家庭农场，以独立法人的姿态积极参与到市场竞争中。值得一提的是，宁波家庭农场的经营者普遍年轻且素质高，实践经验丰富，已经成功探索出一套符合当地实际的市场化、公司化的管理模式。

（3）以政策扶持型的专业化、标准化模式为代表。吉林延边地区专业农场主要通过此种模式发展形成，具体方式为：允许工商企业及外地人口参与家庭农场建设（与该地区外地劳务者较多、农村劳动力较少有关）；以政府扶持为主，建立农村土地流转市场，完善地价调节机制，并给予农场高额补贴①（农业财政补贴、专业化农场专项补贴、农机补贴、保险补贴等）。

（4）标准化是湖北武汉家庭农场的特色代表。武汉家庭农场的发展将简单粗放的生产方式向集约精细方向转变。主要通过政府的“先建后补”措施拿出600余万元（2012年）财政资金扶持家庭农场的发展，通过引入标准化、集约化、有机化的农业经营模式，发展标准化种植、水产、种养业和循环农业，使农民的收入大大增加。

家庭农场与其他经营主体相比具有以下优点：提升农业经营规模；充分利用家庭成员亲缘关系中的利他性行为，将监督成本和组织运转费用降至最低；运行灵活，便于制订和执行生产、管理计划；有效提高劳动生产率和土地产出率；与村庄能够实现互洽，充分利用村庄社会网络资源和村庄共同体规范，减少交易谈判成本的制约。总之，以家庭经营为主的家庭农场，既保持家庭高效的组织结构和制度内核，又实行专业化生产，排除兼业小农经营的弊端，是解决当前中国农业诸多发展问题的现实需要。具体见表4－4。

---

① 2013年延边州专业农场专项贷款贴息总额400多万元，专业农场农作物保险补贴404万元。

表 4-4　家庭农场与其他经营主体的优势比较

	家庭农场	非家庭农场类主体
经营主体	当地农民	企业或工商业者
经营手段	主要依靠家庭劳动力经营，不雇佣劳动力或雇佣少量劳动力	以资本和能源投入为基础
经营方式	以农业为主业，以农业收入为主，不排斥兼业	农业产业经营，专业性经营
经营目标	维持家庭生计	追逐利润为目的
生产规模	200 亩左右（小规模）	500 亩以上（大规模）

资料来源：根据调查数据整理得到。

4.1.2　种粮大户机械化水平较高

种粮大户（或者称农业专业大户）与家庭农场在实际发展过程中存在相互重叠，相互概念不明确的现象，二者的本质差别不大，但在认定和规范上不同，使得实践中的农业经营形式有多种说法，政策上难以区别和对待。种粮大户是指耕地规模在50 亩以上，至少种植一季主要粮食作物，专业化经营，独立承担风险、自负盈亏的自然人、法人或组织。目前，我国的种粮大户多为具有职业经营或者个体经营经历的当地居民，经营主体来自于村庄内部，有一定的资本积累，以依靠机械作业和雇佣劳动力为主，实行专业化大规模生产，经营目标是获取农业生产利润。

根据农业部种植业司对全国种粮大户的组织调查，结果显示：我国目前有种粮大户 68.2 万户，占全国农户总数的 0.28%。

种粮大户的发展模式主要有以下三种。

（1）机农结合型的大户。其特点是经营规模较大（基本在千亩以上），对农业的投入较多，多有购置大型农机具，全程采用机械化操作。购置大型甚至全套农机的目的是在满足自己生产的同时开展代耕、代收等业务，为周边农户提供农机作业服务，增加业务收入。种粮大户收入来源主要是粮食生产和代耕。机农结合型的种粮大户大多都愿意扩大经营规模，目的是充分实现农机利用率，获得更多的收益。

（2）纯种植大户。此类大户以家庭劳动力为主，未购置农机，通过租赁农机服务完成大规模农业生产，经营规模基本在千亩以内，种植作物为纯粮食种植或粮经轮作。

（3）种养大户。种养大户是以粮食作物种植和猪、牛、羊等牲畜养殖相结合的经营方式为主。种植粮食为养殖提供秸秆等饲料，养殖又为种植提供优质有机肥料，既可培肥地力增加粮食产量，又能减少养殖污染，增加经济收入。

种粮大户采用专业化经营，具有较高的土地产出率和劳动生产率，农业经营收入也相对较高。种粮大户重视对良种良法的采用，积极推广使用先进农业技术，尤其是新品种、新技术的使用，有利于提高耕地单产水平，为粮食增产做出巨大贡献。种粮大户采用农业机械专业化、规模化生产，有利于农业劳动生产率的提高和种粮农户收入的增加。而且相对于养殖业经营的高风险性，种植业的收入更为稳定。国家种粮补贴力度加大，也成为种粮大户农业收入提高的重要来源。

4.1.3 专业合作社综合服务能力强

农民专业合作社是在家庭承包经营的基础上，同类农产品的生产经营者或者同类农业生产经营服务的提供者、利用者通过自愿联合、民主管理的形式成立的互助性经济组织（赵晓峰，2013），它是市场经济的产物。农民专业合作社的经营主体为职业经营者、个体经营者或者具有一定人际关系及农业生产管理经验的当地能人，经营规模一般较大，经营目的主要是为了获取利润（周娟，2015）。

目前，我国有农民专业合作社116.62万个，其中粮食生产合作社5.59万个。农民专业合作社经营内容广泛，包括种植、养殖、加工和服务等，涉及粮食作物种植、经济作物种植、畜禽养殖、农机服务、农资供应、生态农业等领域（见表4－5）。

表4－5　　全国600家农民专业合作示范社的经营业务分布情况

合作社类型	种植类				养殖类	种养混合类	服务类	其他经营业务类
	主粮	杂粮	果蔬	其他				
绝对数量（个）	30	40	235	64	170	19	33	9
百分比（%）	39.17	5	6.67	10.67	28.33	3.16	5.5	1.5

资料来源：2012年7月农业部授予全国600家农民专业合作社以“全国农民专业合作社示范社”的光荣称号（赵晓峰，2013）。

由于本书主要研究的是以小麦、玉米种植为主的粮食生产主体，因此，主要针对的是进行粮食种植的合作社。我国目前粮食合作社主要分为自主型粮食合作社、农民与其他主体合办的粮食合作社和依附型粮食合作社。

（1）自主型粮食合作社。由农民自我组织发起成立的粮食合作社。但相对来说具有缺乏人才组织领导、资金不足、市场竞争力较差的特点，总体发展比较缓慢。

（2）农民与其他主体合办的粮食合作社。多是由其他经营主体，如农技推广部门、农村供销社等出资作为股东，再联合种粮大户以及小农户组建而成，是股份制与合作制的结合。联合后可以扩大共享资源，如技术专家、办公场所、相关基础设施等，同时合作社还可以通过农资供应以及粮食储存、加工和销售获取经济收益。

（3）依附型粮食合作社。一般由农户依附于龙头企业组建而成。例如，在粮食加工大省河南，成立有三全食品、思念食品、科迪食品、众品食业、南街村集团、天方食品、湖雪面粉等多家龙头企业，多采用“公司+合作社+农户”模式，农户与合作社签订契约，社员全部实行订单生产。既减少了企业的交易成本，也以较高的价格解决了农户的销售问题，同时还保证了产品的质量。

4.1.4 农业企业解决农户市场对接问题

农业企业是指经营农、林、牧、副、渔等生产性活动，商品率较高、自主经营、独立核算的法人或者社会经济组织。本章研究的农业企业主要是从事粮食作物种植的企业。与专业大户相似，农业企业主要采用农业机械和雇佣劳动的经营方式，经营规模较大，经营目的主要是为了获取利润，只是经营主体是企业（周娟，2015）。

截至2016年3月，我国已认定的国家级龙头企业为913家①，其中种植类的有36家，种植面积基本都在500亩以上，注册资金在100万元以

① 资料来源于农业部农业信息网。

上。作物种植种类分别为水果、蔬菜、粮食、种业、茶叶、中药等。地方龙头企业为1 430家，其中种植类的有166家。种植面积基本都在500亩以上，注册资金在100万元以上。龙头企业为市场提供了1/3的农产品及加工制品，供应2/3以上的城镇居民“菜篮子”产品，完成全国农产品80%以上的出口创汇额，在我国农业产业化经营中占据了重要地位。

龙头企业基本采用“龙头企业+农户”或者“龙头企业+农业合作社+农户”模式，是以企业为龙头，由相关农户组建专业协会或合作社等合作经济组织为载体，通过联合广大农户实现农产品产业化链条上产供销一体化的经营组织形式。“龙头企业+农户”模式是农业产业化发展最早的组织形式。“龙头企业+农业合作社+农户”模式是以合作社代替企业完成与农户间的交易和沟通，相比“龙头企业+农户”模式减少了企业与农户间的交易成本。

龙头企业在促进农民就业增收，带动农户参与市场和实现规模经营方面起到了重要作用。农户除了每亩租金收益外（每亩1 000~2 000元），还可以在企业基地打工。农业企业的发展多以市场需求为导向，发展优质化、专用化的农产品，能够较好地解决小农户所面临的农产品加工、储藏、运输、销售等流通领域的问题，实现小农户与大市场的对接。通过发挥农业企业的辐射带动作用，也有利于构建现代农业产业体系，完成农业增长方式和农业管理方式的根本性转变。

农业企业与家庭农场、普通农户的区别见表4-6。

表4-6　　农业企业与家庭农场、普通农户的区别

项目	农业企业	家庭农场	普通农户
土地	主要来源于土地租赁	来源于土地租赁和自有土地	主要来源于自有土地
资本	以外投资本为主，拥有明晰的资本收益率	外投资本与自有资本相结合，拥有较为明晰的资本收益率	以自有资本为主，缺乏明晰的资本收益率
劳动	雇佣劳动为主要劳动力	以家庭劳动力为主，雇佣劳动为辅	以家庭劳动力为主
经营者劳动	主要是管理性劳动	生产性劳动与管理性劳动相结合	主要是生产性劳动
经营目标	追求利润最大化	追求利润最大化	维持生存，生活保障

4.2 黄淮海地区的新型农业经营主体

本节主要研究黄淮海地区适度规模经营主体的发展情况。黄淮海地区跨越京、津、冀、鲁、豫、皖、苏七省市，在行政上包括山东省全部，北京、天津、河北和河南的大部，以及苏北和皖北地区，农耕历史悠久，是中国重要的农产品生产基地。本书主要以黄淮海地区的河南、山东、河北三省为主要研究区域，具体调研了许昌县、菏泽市、藁城区三县（市区），探寻黄淮海地区的小麦—玉米规模经营状况和未来发展趋势（见表4－7）。

表4－7　河南、山东、河北三省新型农业经营主体分布　单位：万户

	专业大户	家庭农场	农民合作社	农业产业化龙头企业
全国	68.2	87.7	116.62	
河南	3.9	1.2	8.63	
山东	4.5	1.3036	9.3193	0.9004
河北		0.4168	5.582	0.471

资料来源：各省新型农业经营主体发展报告。

研究黄淮海地区小麦—玉米适度规模经营主体主要有三个原因。首先，小麦、玉米是我国大田生产的主要粮食作物，也是口粮以及饲料粮的基础组成，同时还是很多工业用品的主要原料。其次，黄淮海地区粮食作物播种面积约占全国的1/4，对保障我国粮食安全有着重要作用。最后，从新型农业经营主体发展数量来看，山东、河南、江苏、河北排在前列，分别占据全国前四名的位置，这4个省的地域面积基本组成了黄淮海地区的大部（见图4－1）。说明在全国范围内，黄淮海地区农业经营主体发展较好。

4.2.1 河南省

河南经营主体以种植业为主。2014年河南省新型农业经营主体中，农民

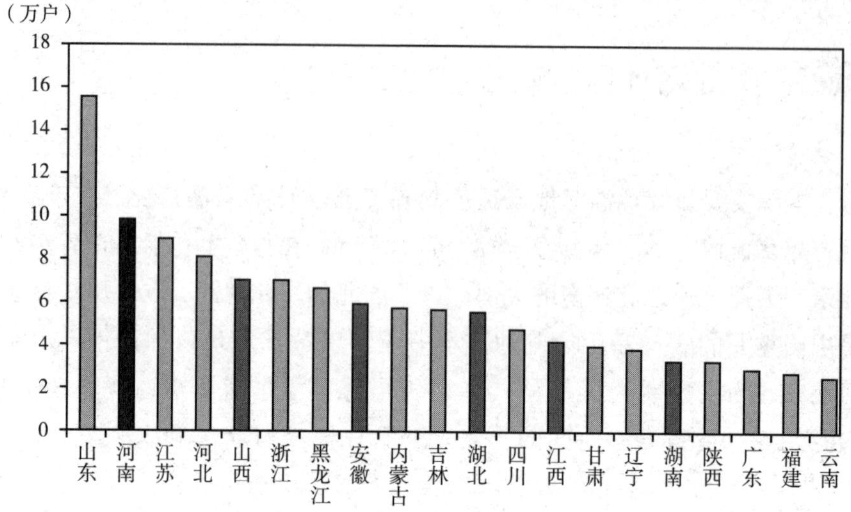

图 4－1　2013 年新型农业经营主体数量省份排名

资料来源：河南省工商行政管理局：《河南省新型农业经营主体发展报告》，2014 年。

专业合作社发展到 8.63 万个，家庭农场达到 1.2 万户①，分别涉及种植业、农业服务业、畜牧业等行业，其中经营种植业的数量最多，占比为 60.8%。

农民专业合作社以种植业为主导。河南省农民专业合作社数量占全国合作社总量的比例为 7.4%，发展数量排在全国前三位。从经营内容看，以种植业经营为主的合作社占合作社总量的比重最大，达到 30%，但与 2008 年相比略有下降；以养殖业经营为主的合作社比重由 2008 年的 33.8%下降到 7.7%，下降较多；以技术信息服务、农产品加工、销售等业务为主的合作社比重上升较快。总体来看，河南省农民专业合作社以种植业为主导，合作社经营内容由生产环节逐渐向提供服务环节发展，由低产值（种植业、养殖业）产业向高附加值（信息服务、农产品加工、包装、销售）方向发展。

家庭农场组织形式多样化。2014 年河南省家庭农场数量为 1.2 万户，位居全国第四。已登记的家庭农场中，以个体工商户身份登记的最多，占家庭农场总数的一半以上（见表 4－8）。以个人独资企业身份登记的占家庭农场总数的 40.3%，排在第二位。其余是以有限责任公司和普通合伙企

① 河南省工商行政管理局：《河南省新型农业经营主体发展分析报告》，2014 年。

业身份登记。从出资总额看，以个人独资企业身份登记的家庭农场出资总额最多，占到家庭农场总出资额的70.9%。

表4-8　2014年河南省家庭农场注册登记类型

企业类型	数量（户）	比重（%）	出资总额（万元）	比重（%）	户均出资额（万元/户）
个体工商户	7 118	59.1	484 489.9	27.1	68.07
个人独资企业	4 856	40.3	1 269 678.5	70.9	261.47
有限责任公司	60	0.5	33 730.0	1.9	562.17
普通合伙企业	7	0.1	2 500.0	0.1	357.14
合计	12 041	100.0	1 790 398.4	100.0	148.69

资料来源：河南省工商行政管理局：《河南省新型农业经营主体发展报告》，2014年。

从家庭农场的经营内容看，以种植业经营为主的数量最多，占全省家庭农场总数的91.2%（见表4-9）。而种植业中主要是以小麦、玉米种植为主，占到种植类家庭农场的一半以上。

表4-9　2014年河南省家庭农场经营内容分布

行业门类	数量（户）	比重（%）	出资金额（万元）	比重（%）
种植业	10 982	91.2	1 652 705	92.3
林业	378	3.1	54 702	3.1
畜牧业	292	2.4	35 708	2.0
渔业	64	0.5	5 723	0.3
农业服务业	262	2.2	37 923	2.1
其他	63	0.5	3 637	0.2

资料来源：河南省工商行政管理局：《河南省新型农业经营主体发展报告》，2014年。

表4-10是河南省许昌县调研地区的新型农业经营主体发展情况。2014年许昌县养殖业、种植业、农机业、植保业农民专业合作社523家[①]，其中省级示范社3家，市级20家，入社成员1.03万人；种粮大户191户，总经营面积达85 637亩；家庭农场有46家；农业产业化龙头企业51家，

① 资料来源：2015年4月28日许昌县农业局座谈。

其中国家级龙头企业1家，省级龙头企业11家，市级龙头企业39家。省农业产业化集群2个，分别是“天和蔬菜产业集群”和“世纪香食用菌产业集群”。

表4-10　　2014年河南省许昌县新型农业经营主体数量构成

经营主体	家庭农场	龙头企业	农民专业合作社	专业大户
数量（户）	46	51	523	191

资料来源：根据调查数据整理得到。

4.2.2 山东省

山东经营主体发展数量最多。从2013年全国新型农业经营主体发展数量来看，山东名列第一。截至2013年山东省共有专业大户4.5万户，家庭农场1.3万家，工商系统注册登记的农民合作社9.8万家，全省规模以上龙头企业9 004家。各类新型农业经营主体流转土地面积达到2 155.8万亩，占家庭承包经营面积的23.3%①。

专业大户发展养殖业较多。山东省种植大户发展到1.5万户（100亩以上），养殖业大户约有3万户。种植业经营内容包括粮食、瓜果、蔬菜以及林业生产。养殖业主要是以牛、羊、猪、鸡及水产类养殖为主（吕琳，2015）。

家庭农场以种养业为主。家庭农场共有13 036家，其中经营内容以种养业为主的占到90%以上，经营规模大多分布在100亩以下（所占比例为80%），年收入约为10万~50万元（所占比例为50%以上）。

农民专业合作社组织能力强。山东省具有农民专业合作社9.8万家（经工商部门注册登记），带动近1/3的农户入社，生产出的粮食产品占到全省总产量的4%，养殖的畜产品和水产品占到全省总产量的15%和20%左右。

① 专业大户为种植规模100亩以上的种植大户和具有一定规模的养殖大户，专业大户、农民合作社和龙头企业数量数据参见山东省宏观经济研究院课题组：《山东省新型农业经营主体培育与发展困境及对策建议》，2014年。

龙头企业主要发展订单生产。山东省规模化龙头企业发展数量达到9 004家，总销售收入突破万亿元。龙头企业的自建基地和订单基地分别占全省耕地面积的12.8%和58.1%，生产出了省内一半以上的畜产品和1/3左右的养殖水产品，带动了当地的农业产业化经营。

表4－11是山东省菏泽市调研地区的新型农业经营主体发展情况。2014年菏泽市农民专业合作社834家，种粮大户3户，家庭农场11家，市级以上农业产业化龙头企业56家。其中，从事种植业的有862家，从事养殖业的有28家，种养结合的有14家。调研地区主要以种植业为主，从事种植业的新型农业经营主体占总数目的95.3%。

表4－11　2014年山东省菏泽市新型农业经营主体数量构成

经营主体	家庭农场	龙头企业	农民专业合作社	专业大户
数量（户）	11	56	834	3

资料来源：根据调查数据整理得到。

4.2.3 河北省

河北经营主体业务分布广泛。截至2013年底，河北省已经登记注册的农民专业合作社达5.58万多家，农业产业化龙头企业4 710家。①

家庭农场以种养业为主。到2013年，河北省共有4 168家家庭农场，其中经营种植业的有2 091户，总耕地面积31.7万亩，平均每户耕地面积151.6亩，主要集中在粮食作物种植上。经营养殖业的有1 824户，主要集中在猪、牛、羊养殖上。

农民专业合作社分布广泛。2013年，河北省共有农民专业合作社55 821家，分别为种植业、畜牧养殖业、林业、渔业以及农机合作社，其中种植业合作社数量最多，占到2/3以上。从经营内容来看，经营粮食、蔬菜的比重最大，分别为62%和15%，经营林果业的占7%。

龙头企业作用力强。2013年，河北省龙头企业共有4 710家，包括国家级龙头企业21家、省级龙头企业168家、市级龙头企业2 476家、县级

① 河北省农业区划办公室：《河北省新型农业经营主体调查报告》。

龙头企业2 045家。龙头企业的发展壮大对带动当地高效农业以及农业产业结构优化发挥着巨大作用。

表4－12是所调研地区河北省藁城区的新型农业经营主体发展情况。2014年该地区经注册的家庭农场达198个，农民专业合作社1 419家，专业大户1 000户以上。新型农业经营主体发展数量占河北省总数的5%左右。

表4－12　　2014年河北省藁城区新型农业经营主体数量构成

经营主体	家庭农场		农民专业合作社	专业大户
	普通合伙企业、有限责任公司	个人独资企业、个体工商户		
数量（户）	110	88	1 419	1 000以上

资料来源：根据调查数据整理得到。

4.2.4　三省总结

（1）主要以发展种植业为主。三省的新型农业经营主体多集中在小麦、玉米为代表的粮食作物种植领域。在经济作物等特色种植以及养殖业方面还有较大的发展空间。

（2）主要在生产和销售环节发展。三省新型农业经营主体主要经营作物种植以及畜禽养殖，少量经营销售环节。对于加工、包装等下游环节以及农资供应等上游环节发展较少，农业产业链需更深一步拓展。

（3）三省行业分布类似。与全国其他地区相比，河南、河北与山东行业分布类似，都以种养业为主，主要原因是三个省份均为我国的产粮大省。

4.3 基于调研的适度规模经营主体案例分析

4.3.1　案例分析内容

本章以黄淮海地区小麦—玉米规模经营大户为例，研究典型大户的经营模式，分析我国粮食经营主体的实际发展情况，探讨这类经营主体形成的动力及种植行为，为政府制定大户支持政策提供一定的参考依据。

案例分析法（case analysis method），又叫个案研究法，是1880年由哈佛大学开发完成，当时主要被哈佛商学院用于高级管理人才的培养教育实践，发展到今天已经在各个领域广泛应用。

对于农户主体的分析，我国国内大部分用的都是大样本数据，大样本确实在农户的共性问题上比较有代表性，但对于核心问题的追踪和探索可能会稍显无力。案例是已经发生的事实，更能显示出实践中存在的问题以及农户的真实需求，典型案例的分析具有很强的可比性，且更为直观，有助于求找问题的根源。

关于粮食经营主体的实际生产状况、粮食生产的可持续性以及农户对于政策的需求与效果实现，有必要从基础性的案例出发，对农户进行深入访谈，追根溯源，通过分析农户经营的态度、预期，寻找关键问题，确定合理的研究视角。

案例分析内容包括：第一，规模经营主体的家庭状况，劳动力投入、资金来源、经营内容及收入状况；第二，大户粮田规模经营的效益如何，规模经营效益的来源是什么；第三，大户对作物种植种类及种植规模选择的影响因素是什么，是否愿意进一步扩大规模，扩大规模的动因是什么。

4.3.2 经营主体的选择

本章根据经营者个人特征、经营户农机拥有量、家庭劳动力投入、经营业务内容、资本投入量以及生产目标等几个方面，将农户划分为不同的类型，并选出六个具有代表性的类型：种养大户（种养结合型）、农机专业合作社（机农结合型）、专业种粮大户（纯粮食种植型）、农民专业种植合作社（综合型）、循环农业大户（混合经营型）以及农业企业。

由于现行的政策环境及农户行为的异质性，中国大部分合作社都无法满足合作社的本质规定，其本质仍旧是公司或“公司＋农户”等其他类型的组织（邓衡山、王文烂，2014）。在实地调研过程中确实也存在这一现象，合作社基本都属于“精英俘获”“假合作社”，案例里的保献农机农民专业合作社与丰和德种植合作社也不例外，实际都属于个体工商经营方式。因此，案例研究中统一按照种植大户（家庭农场）经营方式进行研究，并未按照专业合作社案例进行分析。

各类型大户代表的基本特征主要表现在以下几个方面：经营主体年龄分布在30~50岁之间，以中青年为主；耕地流转年限最长为14年（农户承包合同期的剩余年限），最短的为1年；租地农民主要以本地人为主；家庭收入在10万~30万元之间；大户多具有其他行业和领域的相关从业经验，具有一定的专业技能（如开车等），后被吸引到农业适度规模经营中，发展为职业农民。

家庭农场（种养大户）代表。ZYX，女，36岁，初中文化，河北藁城人，访谈时脸颊带着长期曝于日照下形成的红晕，从对她的访谈中能明显感受到她的勤劳与能干。家庭人口数4人，夫妇二人以及正在上初中的大儿子（16岁）和上小学的小儿子（10岁）。其丈夫在完全从事农业生产前是个司机。家庭主要从事种植和养殖业（奶牛和羊），属于具有代表性的典型种养大户。种植作物为小麦—玉米轮作，种植面积300亩，其中自有耕地5亩，复种指数为200%，耕地租金为800~1 000元/亩。养殖业产生的粪便还可以作为土地肥料，既节约肥料投入又能保持地力。种植和养殖业年均净收入均能达到5万元，一年家庭净收入10万元。其目标是发展到800亩种植规模，形成一个大的家庭农场。

家庭农场（循环农业）代表。LXS，男，30岁，初中文化，河北藁城人。其经营内容涉及粮食种植、蔬菜种植、禽类养殖、水产养殖、果园以及林木等多方面经营，是规模经营主体对多元化经营方式探索的代表案例。2013年，LXS流转耕地260亩，种植小麦和玉米。2014年耕地面积增加到810亩，租金800~1 000元/亩，用于小麦—玉米种植410亩，用于蔬菜大棚200亩，水果林木面积200亩。建成一个鱼塘，养殖水产4吨。养殖鹅1 600只、鸡5 000只、鸭10 000只。其在林间及田间放养鸡群，生物除草。其目标是发展集粮经、林果种植和水产、禽类养殖为一体的综合循环农业。其在经营农业之前是柴油经销商，投入于农业的资金全部为自己的财产积累，因此，资本积累全部来源于工商业。目前最迫切的是贷款需求，金额为1 000万元，用于循环农业投资。在农业经营计划方面，其准备在下一年收缩蔬菜大棚面积，原因是管理成本太高，导致其蔬菜种植效益较差。

纯种植大户代表。YYC，男，38 岁，初中文化，河南许昌县陈曹乡袁庄人。2014 年，经营耕地面积 845 亩，其中自有耕地 5 亩，租入 840 亩，租金为 1 000 元/亩。复种指数为 200%，其中种植小麦 845 亩、玉米 650 亩、红薯 145 亩。其主要特点是，自己没有购买任何农业机械，主要是依靠他人提供的农机服务，由于规模大、面积集中连片，其亩均农机服务费比普通农户要低。其中，小麦翻耕环节比普通农户低 30 元，播种环节低 10 元，收获环节低 10 元，玉米播种环节低 10 元，收获环节低 40 元，两季作物加起来每亩比普通农户节约 100 元的机械费用。该农户年收入 31 万元，其中，种地收入 25 万元。2012 年获得过大户补贴，每亩补贴 100 元。

提供机械服务的大户代表。ZBX，男，52 岁，初中文化，河南省许昌县五女店乡南街村人，身份为当地村支书。家庭人口数为 9 人，除夫妻二人外，还包括未分家的两个儿子、儿媳以及孙子、孙女，家庭常住人口为 7 人。家庭劳动力投入于农业生产的有 3 人，其本人、小儿子（26 岁）以及小儿媳。2014 年，经营耕地面积 2 400 亩，复种指数为 200%，其中种植小麦 2 400 亩、大豆 400 亩、玉米 2 000 亩。拥有全套农业配套机械，每年获得种地收入 20 万元，农机租赁收入 3 万元。2012 年获得过大户补贴，每亩补贴 100 元。

农民专业合作社代表。丰和德种植合作社成立于 2014 年。理事长 LHB，男，38 岁，高中文化，河北藁城南孟乡韩家洼村人，家庭人口数为 5 人，包括夫妻二人、母亲、儿子以及女儿，常住人口为 5 人。2014 年，经营耕地面积 1 203 亩，复种指数为 200%。其中，种植小麦 1 080 亩、玉米 800 亩、红薯 60 亩、蔬菜 120 亩。当年种地总收入 10 万元。

龙头企业代表。同鑫公司，位于河南省许昌市，公司前身做地产开发行业，2014 年转型种粮，流转耕地 4 600 亩，当年净收入为负 300 万元，主要原因是管理不善。因此，2015 年采用新的管理模式，将所有耕地划分成 12 块，每块 300 ~ 400 亩，分包给农户家庭经营。公司负责农资投入，农户负责劳动力投入。按每亩产量分配利润，农户年均收入能够达到 2 万多元，目前经营良好。具体见表 4 - 13 和表 4 - 14。

表 4－13　典型经营主体及其家庭基本特征

	种养大户 ZYX	循环农业家庭 LXS	纯种植大户 YYC	保献农机农民专业合作社 ZBX	丰和德种植合作社 LHB	同鑫公司
年龄	36	30	38	52	38	50
性别	女	男	男	男	男	男
是否户主	否	是	是	是	是	是
教育水平	初中	初中	初中	初中	高中	高中
是否参与非农活动	否	否	否	否	否	是
主体分类	种养大户	循环农业	种粮大户	种植大户、提供农机服务	种植合作社，提供农机服务	龙头企业
开始时间	2012 年	2013 年	2011 年	2004 年	2014 年	2014 年
家庭结构	4 人，包括配偶（38 岁）、大儿子（16 岁，初中学生）、小儿子（10 岁，小学生），夫妻双方均在家务农	6 人，包括配偶（30 岁）、4 个儿女（最大 7 岁，最小不满 1 岁），夫妻双方均在家务农	6 人，包括配偶（37 岁）、父母（67 岁和 66 岁）、2 个女儿（13 岁和 1 岁），本人和父母均在家务农，妻子在本地打工	9 人，包括配偶（51 岁）、大儿子儿媳（28 岁和 27 岁），小儿子儿媳（26 岁和 25 岁），孙辈 3 人。本人和小儿子儿媳均在家务农	5 人，包括配偶（38 岁）、女儿（16 岁，高中），儿子（13 岁，初中）。本人在家务农	
耕地面积	300 亩，土地承包面积 5 亩，租赁土地面积 295 亩	810 亩，土地承包面积 0 亩，租赁土地面积 810 亩	845 亩，土地承包面积 5 亩，租赁土地面积 840 亩	2 400 亩，土地承包面积 5 亩，租赁土地面积 2 395 亩	1 203 亩，土地承包面积 3 亩，租赁土地面积 1 200 亩	4 600 亩，租赁土地面积 4 600 亩
农业结构	小麦 300 亩，玉米 300 亩	小麦、玉米各 410 亩，蔬菜 200 亩，果树 200 亩	小麦 845 亩，玉米 650 亩，红薯 145 亩	小麦 2 400 亩，大豆 400 亩，玉米 2 000 亩	小麦 1 080 亩，红薯 60 亩，玉米 800 亩，蔬菜 120 亩	种植小麦 4 600 亩，玉米 4 600 亩
农副经营	养殖奶牛和羊	养殖禽类（鸡、鸭、鹅）和水产（鱼）	无	每年机械出租收获 3 万元。养殖山地鸡 100 只	无	
农业年收入	纯收入 10 万元		纯收入 25 万元	纯收入 23 万元	纯收入 10 万元	纯收入为负（－300 万）
家庭年收入	10 万元		31 万元	31 万元	12 万元	不详
区域特征	河北藁城，以平原为主	河北藁城，以平原为主	河南许昌县，以平原为主	河南许昌县，以平原为主	河北藁城，以平原为主	河南许昌县，以平原为主
农业特征	以家庭劳动力为主，种养结合	以雇佣劳动力为主，发展集粮经、林果种植和水产、禽类养殖为一体的综合循环农业	以家庭劳动力为主，按日雇佣劳动力，租赁机械服务为主，没有购买机械	以家庭劳动力为主，农忙时按日雇佣劳动力，提供机械服务，购买有全套机械，拥有 2 台烘干机	以长期雇佣劳动力为主，提供机械服务	以长期雇佣劳动力为主，提供机械服务

资料来源：根据调查数据整理得到。

表 4-14　　案例农户的经营主体素质情况

种养大户 ZYX	循环农业家庭 LXS	纯种植大户 YYC	保献农机农民专业合作社 ZBX	丰和德种植合作社 LHB	同鑫公司
初中	初中	初中	初中	高中	高中
有外出打工经历，属于外出人员务工返乡创业。对国家农业政策了解一些，但不知申请补贴及贷款的路径，未获得政府的农机购置及大户补贴支持	有从商经历，属于工商资本投入农业。从事过汽油销售	有从商经历，属于工商资本投入农业。从事过零售生意	村支书，规模经营较早。做过粮食收购，熟悉国家农业政策，最先获得政府的机械及补贴支持。先后被评为全国种粮大户、河南省种粮标兵	2014 年开始经营。县重点扶持大户。熟悉国家农业政策，获得国家节水灌溉设施投入	房地产生意

资料来源：根据调查数据整理得到。

4.3.3 经营主体行为分析

1. 从事规模种植的原因

（1）政府的推动。政府在农地流转、集中和农业基础设施建设投资方面发挥了重要作用。同鑫企业就是通过政府的推动和支持完成了 4600 亩耕地的流转。保献农机农民专业合作社以及丰和德种植合作社就享受到了政府节水灌溉设备的投入。

（2）农户的自发选择。首先，对农业有一定的感情，愿意从事农业。其次，具有一定的种植经验和充足的家庭劳动力，能够保证达到一定的农业收益。种养大户 ZYX、纯种植大户 YYC 和循环农业家庭农场 LXS 都属于此种类型。

（3）政府推动和农民自发性的耦合。农户自发形成的适度规模经营是农业生产效率的主要保证，也是政府所鼓励的。政府在农户自发形成的适度规模经营的基础上进行政策支持能够促进农业的发展，为效率农业的生成扫除障碍，极大地提高农户的生产积极性，最终形成政府推动和农民自发性市场行为的一种较好的耦合。保献农机农民专业合作社 ZBX、丰和德种植合作社 LHB 就是政府推动和农户自发行为双重动力的结果。

2. 种植结构及种植行为分析

（1）生产结构单一。大部分主体以单一种植业为主，主要种植品种为小麦和玉米，如纯种植大户 YYC、保献农机农民专业合作社 ZBX、丰和德种植合作社 LHB 以及同鑫企业发展单一种植业。这种生产结构虽然高度专业化，但相对较单一。种植兼养殖的较少，种植兼加工的尚未涉及。当被问及“有没有考虑种植或扩大种植价值更高的蔬菜等经济作物”时，保献农机农民专业合作社 ZBX 表示“粮食价格稳定，耐储存，销售方便，经营风险小”。丰和德种植合作社 LHB 表示：“蔬菜不好卖，自己今年种的 30 亩大葱的销路还是个问题”。当被问及“近年来耕地经营结构有变化吗?”一半大户表示有所变化，其目的是获得更大的规模效益；另一半则表示没有变化，一是自己经营管理能力有限，二是没有合适的销售渠道。

（2）组织化程度较低。多数大户在购买农资和农产品销售方面处于无组织状态。在访谈中，大部分都是单独购买农资。说明目前种粮大户多以分散购买农资的形式为主，还需进一步提高组织化程度。商贩上门收购和企业订购是大户销售粮食的主要渠道，采用企业订单订购方式进行粮食销售的大户仅有 2 个，其余均为商贩上门收购。说明粮食的销售渠道较为单一，商贩上门收购是主要渠道。

（3）农机服务供给充足。大户全部采用机械化方式完成作物生产各个环节（浇地除外），在对大户的访谈中，有将近一半左右的大户通过代耕代种等农机租赁服务完成农田耕作，其余大户则拥有全套的农机，在满足自给的情况下还能为他人提供农机服务。其中保献农机农民专业合作社 ZBX 表示“自己的农机作业面积能达到 10 万亩，而且还能进一步扩大农机服务辐射范围”。

（4）农业补贴能够促进经营主体的生产积极性。国家的农业补贴政策，尤其是针对大户的生产补贴政策对种植大户的粮食生产起着激励作用，能够确保其粮食生产积极性。不少种植大户还提出国家应重点关注百亩左右的家庭农场，除了农业补贴外，还应在农业生产基础设施和社会化服务方面作进一步的完善。

（5）劳动力投入以家庭劳动力和短期雇用为主。受访大户的劳动力投入均以家庭劳动和短期雇用为主，保献农机农民专业合作社 ZBX、丰和德种植合作社 LHB 虽有长期劳动雇用，但长期雇用的员工主要是农机手。而在对农田的耕种、灌溉、收获环节主要采取的是雇用短期劳动力的方式。短期劳动力工资按天计算，为 40 ~ 100 元/人。而其他的种养大户 ZYX、纯种植大户 YYC 和循环农业家庭 LXS 在小麦、玉米生产方面都采用家庭劳动力为主以及短期雇用的方式。同鑫企业除雇用农机手和短期劳动力外，还多了一项雇用管理人员的资金支出。

（6）大户的资金投入主要来源于工商资本。受访大户中，除了种养大户 ZYX 的资金主要来源于外出务工积累，其余大户均有从事工商业的经历，其巨额的农业资本投入也都主要来自工商业的资本积累（见表 4 - 15）。导致目前的农业扶持政策中，新增补贴多是向工商资本倾斜。这种工商资本主导下的大规模农田经营已经成为大户经营的主要模式，其对于粮食安全和粮食生产的影响还需进一步追踪和研究，但值得肯定的是，大户对粮食价格都具有一定的敏感性，粮食价格的变化成为其经营规模和经营结构的主要参考，因而粮食生产的稳定性较低。

表 4 - 15　　调研农户投入资金来源

种养大户 ZYX	循环农业家庭 LXS	纯种植大户 YYC	保献农机农民专业合作社 ZBX	丰和德种植合作社 LHB	同鑫企业
务工积蓄和个人借款	工商资本积累	工商资本积累	工商资本积累；无贷款	工商资本积累和银行贷款	工商资本积累和银行贷款
打工积蓄，向亲戚借款 20 万元；需要贷款，贷款意向 30 万元	汽油、柴油、煤油销售；需要贷款，贷款意向 1 000 万 ~ 2 000 万元	做零售生意；无贷款需求	曾是粮食收购商；需要贷款，贷款意向 100 万元	做过门市生意，经销水电灯具；需要贷款，贷款意向 100 万元	房地产生意

资料来源：根据调查数据整理得到。

3. 经营过程中的主要问题

（1）借贷资金问题。大户普遍认为银行贷款很难。大部分种粮大户以向亲戚、朋友借款的方式填补资金缺口，少数大户采用向农村信用社以及商业银行等金融机构借贷的方式。每年的9月、10月是大户支付地租的时间阶段，这段时期一般会出现资金紧缺的情况。

(2) 粮食生产成本上涨、粮价不稳是影响大户收益的主要问题。根据调研中大户的反映，农户收益的最大威胁是农资价格的上涨，近两年来各类农资价格的年均涨幅普遍在15%以上。保献农机农民专业合作社ZBX提到2014年农资价格上涨了15%，在农资价格不断上涨的趋势下，粮价稍有波动，就会给收益带来极大的风险。例如2015年玉米价格下降25%，保献农机农民专业合作社ZBX种植面积2 400亩，相对往年收益直接减少20%。

(3) 土地流转期限短是制约大户进一步增加农业投入的主要因素。在访谈过程中，大部分大户土地转包期为1~3年，由于流转期太短而放弃对农业进一步增加投入的大户占到一半以上。农户流转方式多为直接流转，是大户通过与各个农户谈判的结果，按照短期流转方式交易，成本较大且经营稳定性差。流转期短的主要原因是近年由于规模经营的迅速兴起，带动地租快速上涨，农户普遍愿意签订一年一次的土地流转合同，以便将土地转向更高地租的支付方。而大户在短期土地租赁契约下，普遍不愿意对土地做农田水利、土壤改良等长期性的投入，不利于农业生产条件的持续改善。具体见表4-16。

表4-16　调研农户土地集中方式与流转年限

	种养大户ZYX	循环农业家庭LXS	纯种植大户YYC	丰和德种植合作社LHB	保献农机农民专业合作社ZBX	同鑫企业
集中方式	直接流转				间接流转	
	自己和农户确定集中连片	自己和农户确定集中连片。流转上个大户的耕地面积	自己和农户确定集中连片	自己和农户确定集中连片	通过村集体实现，本身是村支书。土地来源于本村和外村，外村比例较大	通过村委实现土地流转
流转年限	1	5	1	1	3	10

资料来源：根据调查数据整理得到。

(4) 监督和管理是亏本的主要原因。同鑫企业2014年流转土地4 600

亩，用于种植小麦和玉米，平均每年投入物质成本2 000元/亩（包含地租）。由于农田管理的问题，当年亏损300万元。这个案例是工商资本进入粮食规模化生产领域的反面案例。该企业失败的主要原因有两个方面。一是管理不善。企业涉入农业经营，由于企业负责人不懂农业种植，也不从事生产活动，在经营决策方面不易准确把握信息。二是人工雇佣成本相对较高。人工成本上涨构成了土地规模化种植最主要的成本支出，而且监管不力时还经常出现农民出工不出力的怠工现象。丰和德种植合作社LHB也提到，“种那么多地根本照看不过来，但因为有补贴，所以不断扩张规模，如果没有国家补贴的话，很多大户都会亏本。”

（5）普遍不愿下一代从事农业生产。在问及“您希望您的子女以后继承您的事业继续从事农业生产吗?”除了保献农机农民专业合作社ZBX已将小儿子培养成了自己的接班人外，其他大户均不希望下一代从事农业生产。主要原因是农业生产比较艰苦而且收入极不稳定，在有其他工作机会的情况下绝不希望子女继续从事农业。

（6）大户间的组织化程度较低。种粮大户之间生产经营合作程度较低。在生产经营过程中，除部分大户在农业机械服务方面开展合作外，大户在生产技术、购销信息等方面的交流沟通基本没有。参与农民专业合作社的大户仅有1/3。在问及“需要在哪方面提高组织化程度时”，大户普遍希望在农资购买、生产技术和产品销售上提升组织化程度，以减少交易成本，增强抵御市场风险的能力。

4. 未来经营计划

在访谈及调研中，种植大户基本上都有继续扩大经营规模的意愿。在访谈中，希望在现有经营基础上继续扩大耕地经营规模的占50%，保持规模不变的占33%，想缩小经营规模的仅占17%。在国家良种补贴、农机具购置补助以及部分地方政府的大户补贴等一系列政策的激励下，种粮大户的生产积极性较高，在追求收益最大化的目标驱动下普遍希望进一步扩大经营规模。但同时受到粮价波动（2015年玉米价格大降）、经营风险的影响，不少大户表示近期不会扩大规模。

5. 关于多大的规模是合理的

在对大户的调研中有受访者表示500亩既能达到一定的机械化使用效率，又能保证合理的管理和较高的规模效益，即具有较高的土地产出率和收入。过大面积的种植容易造成在除草、浇水等环节的粗放管理，使粮食单位产量直接受到影响。但是在实际发展过程中，大户为追求更高的总收益，往往倾向于扩大种植规模。在超大规模的生产经营下，人力和管理成本都相当高，而粮食种植效益却比较低，进一步增加了经营风险，即使实现全程机械化操作，超大规模的经营还是要承担很大的投资风险。

4.3.4 案例总结

（1）适度规模经营作为现代农业发展的大势所趋，其经营规模存在边界性问题。单位面积产量存在着效率边界，经营规模的总收益水平也存在着收益边界，超过任何一个边界点都会造成生产效率或者收益的下降。与精耕细作的小农不同，在规模经营背景下受到经营方式的影响，农产品单产的提升也存在一定限度。

（2）适度规模经营相比于普通小农户生产成本更加复杂。既包括了小农生产的所有投入成本，还包含雇工成本、监督成本，同时还要对不断增加的市场风险进行管理。这些仅靠大户自身是很难完成的，需要信息平台建设等体系的完善、大户间组织化程度的提高。

（3）资本问题成为农业适度规模经营问题的核心，是影响大户进一步扩大规模的重要影响因素。尤其是在每年9月、10月集中支付地租时，大户经常出现资金链紧张的情况。

因此，无论是理想的粮食经营主体，还是经营主体对应的适度规模，最终都需要国家政策的完善和支持。

4.4 粮食适度规模经营主体分析

根据上述各类经营主体的发展数目、特点以及模式，结合粮食生产的实际情况，对比得出适合粮食适度规模经营的生产主体。主要结论如下：

4.4.1 以家庭经营为主的家庭农场和种粮大户是粮食生产的主要模式

农业生产中家庭经营的合理性和坚韧性。恰亚诺夫（1996）认为，家庭经营的优势在于可以在劳动力的边际产出低于工资的情况下继续投入劳动，从而获得比后者更高的单位产出，因而能够比后者支付更高的地租，将资本主义农场排挤出竞争。还有学者通过对日本、韩国、中国台湾等传统农业国家（地区）和新大陆国家的比较，得出家庭经营在两大农业类型中都占据主要地位，应是我国农业生产的主体（陈锡文，2012）。

以家庭经营为主的家庭农场和种粮大户能够较好地实现粮食生产，应成为粮食适度规模经营的主力。

首先，家庭农场和种粮大户的经营主体主要来自村庄内部，多为专业大户或是种田能手，具有一定的资本积累。这类主体一般以农户家庭为依托，主要利用家庭内部劳动力，雇工成本相对较低，较好地避免了由于规模扩大导致的管理成本的上升。

其次，其在农业生产和土地流转方面具有一定的灵活性。家庭农场和种粮大户多为当地村民，其土地流转与经营方式能够实现与村庄的良好互洽，往往保持土地原有的农作物生产模式，并可充分依托地缘、血缘关系，得到村民较高的信任度，既能减少交易谈判成本还能保持土地流转的稳定。种粮大户流转的一部分土地属于质量较差的耕地或者别人闲置的土地，有利于提高土地利用率，并通过新品种、新技术和新设备的使用，进行专业化生产，提高粮食生产效率。

最后，专业分工以及机械化服务为家庭农场和种粮大户不断扩大生产规模提供了可能性和可行性。通过使用大型高效的农业机械，充分利用先进适用农业技术（统防统治等），达到增加产量、降低成本、提高生产效益的目的。

4.4.2 农民合作社和农业企业适宜发展经济作物以及提供产业链服务

农民专业合作社适合发展经济作物以及提供生产服务等多种经营模式。从经营内容看，大多分布在蔬菜、水果等经济作物领域，主要原因是合作社的功能优势在于产品销售，往往是以农产品的联合销售带动合作生产。在生产服务方面，相对于粮食生产主体，目前大部分专业合作社主要偏重于为农户提供农资、农机、技术信息以及产品销售等服务。农民专业合作社社会化服务能力和规模的提高，降低了农户的生产资料和交易成本，弥补了小农户综合生产能力不足的劣势，有利于提高农户的生产积极性和生产效率、保障粮食安全。但同时农民合作社一般也都离不开政府的各项政策支持。

农业企业具有发展农产品加工和销售等经营模式的优势。农业企业经营主体多来自企业或工商业者，以大量的资本和能源投入为代表特点，采用机械耕作和雇用劳动力的经营方式，经营目的是获取更多的利润，往往经营规模较大。从企业的功能特点看，农业企业应发展农产品加工产业链条，增强辐射带动能力，发展订单农业。通过大力依托龙头企业将产业链、价值链与现代产业发展理念和组织方式引入农业，促进当地农业生产发展的同时带动农户就业。农业企业与其他经营主体相比，在一定程度上突破了农村双层经营的限制，在更大范围上进行农业资源的优化配置，属于更高层次的适度规模经营。但由于企业追求利润的特质，农业企业一般都投向经营利润丰厚的农作物生产和环节，因此在发展经济作物以及农产品加工和销售方面具有一定优势。

农民合作社和农业企业经营者多为社会精英，来自跨村个人或村庄外部的经营主体，土地流转方式主要遵循市场逻辑。除此之外，此类经营主体多为大规模经营，前期固定投入较大，包括农机、库房、土地平整等，而这些投资多来源于银行贷款。

具体见图4-2。

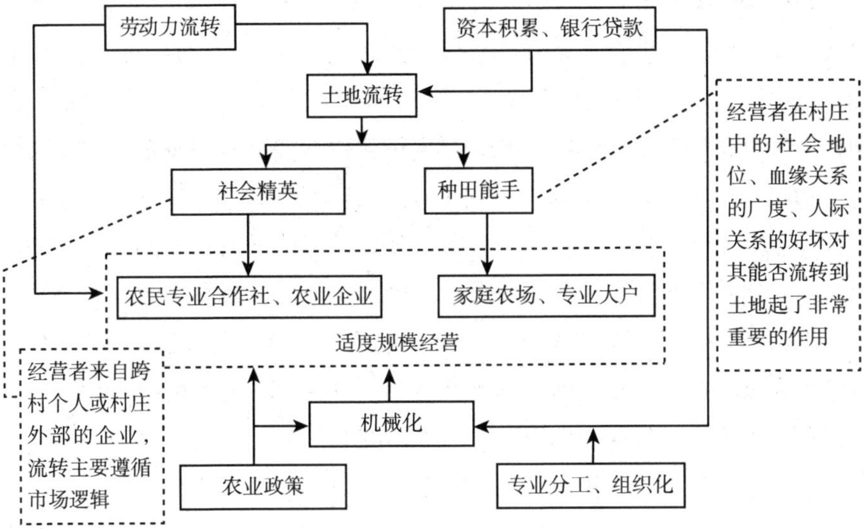

图4-2 农民专业合作社、农业企业、家庭农场和专业大户规模经营的实现

4.4.3 不同经营主体的适度规模区间理论分析

按劳均耕作面积计算，家庭农场适度规模区间为50～400亩。由于各地区资源禀赋、土地产出率和劳动生产率等不同，家庭农场规模存在较大的差异。黄新建等（2013）以江西水稻种植为例，分析得出家庭农场的土地适度规模为70～150亩。目前，我国形成的5种典型家庭农场模式中，浙江宁波模式的单户家庭农场面积一般在50亩以上，上海松江模式在100～150亩，湖北武汉模式在15～500亩，吉林延边模式在1275亩，安徽郎溪模式在50亩以上（何勇等，2013）。根据农业部定义，家庭农场是指以家庭成员为主要劳动力的农业生产经营主体，因此选用劳均耕地面积指标较为合理。按照劳均耕作面积10亩计算，若每户为4个劳动力，则我国户均耕作面积的平均规模为40亩。根据国内外经验，一个家庭农场的适度规模大概是户均经营规模的10倍左右，按此标准，我国家庭农场平均经营规模将达到400亩。结合现有的5种典型家庭农场模式的实际规模（吉林延边除外，因其人均耕地面积基本上是全国人均耕地面积的2倍），家庭农场的普遍适度规模区间为40～400亩。

按照劳均粮食产量计算，种粮大户适度规模区间为200~600亩。规模过大，管理跟不上，粮食产量会降低，经营风险也大大增加，因此，规模也不是越大越好。根据倪国华和蔡昉（2015）利用国家统计局2004年、2005年、2007年、2009年及2012年农村住户调查面板数据的计算，以追求劳均粮食产量最大化为目标的种粮大户最优粮食播种面积（含复种面积）分别为234亩和236亩。结合农业部《关于引导农村土地经营权有序流转 发展农业适度规模经营的意见》中对土地经营规模发展至当地户均承包地面积10~15倍，务农收入达到当地第二、第三产业务工收入的，应当给予重点扶持。按照目前户均6亩计算，50~100亩规模的种粮农户都属于适度范围，但是这个规模显然难以达到当地第二、第三产业务工收入水平。因此，假设一个青壮年劳动力至少可以管理200亩粮食的话，结合倪国华和蔡昉（2015）最优粮食播种面积（含复种面积）分别为234亩和236亩的研究结论，专业种粮大户的最低规模应为200亩（至少投入一个青壮年劳动力），最高为600亩。

4.5 本章小结

本章主要是对我国粮食经营主体的演变和分化以及对现有经营主体的发展状况进行研究和总结。伴随传统小农户向非农化和兼业化转移，农业适度规模经营已经成为解决粮食增产和增收难题的新突破。全国层面，根据我国新型经营主体的发展状况，目前我国农民专业合作社和家庭农场的发展数目最多，专业大户紧随其后，农业企业发展数量最少。省级层面，黄淮海地区河南、山东、河北三省新型农业经营主体发展数量分别排在全国第二、第一、第四位，显示出研究地区在农业经营规模、农业增效、农民增收方面有较快的发展，具有较先进的农业生产力。

通过对不同经营主体及不同模式的比较，最终得出以家庭经营为主的家庭农场和种粮大户是适合粮食适度规模经营发展需要的主要经营主体，并解释论证家庭农场和种粮大户作为粮食适度规模经营主体的优越性。

第 5 章

基于调研的黄淮海粮食主体经营规模影响因素分析

5.1 农户经营规模的经济学分析

土地是农业生产中其他要素投入的基础，土地规模的大小直接影响到农业其他要素的投入数量和结构，决定着农业生产绩效。在生产过程中，农户追求的是经济效益最大化，即农业净收入的增加，归根结底是亩均收益的最大化。政府追求的是农业宏观社会效益最大化，即农业为社会提供的农产品数量的最大化，但是在土地资源稀缺的现实国情下，决定了增加农业产出不能只依靠简单地扩大土地面积，而需要通过改进生产方式提高土地的利用率，使亩均产出量达到最大。无论是从农户追求经济效益的视角还是国家追求社会效益的视角，二者所实现的最优经营规模是不一致的。找到一个合适的土地经营规模，在实现宏观农业社会效益最大化的同时还要不断增加微观农户的收入，是政府的最终政策目标。因此，从经济学理论和实证的角度研究农户土地规模与农业净收入、单位面积产量的相关关系，认识和掌握农户最优经济规模发展规律，对确定政府宏观目标所追求的产出规模、制定相应的宏观调控政策措施具有重要的意义。

在实证之前首先对农户最优经济规模和政府宏观目标产出规模构建生产函数（见图 5 -1）。假设在物质技术水平和产品价格不变的情况下，农户最初的耕地经营面积为 S_0，这时的亩均产量为 Q_0。由于经营规模不能充分利用现有物质技术水平而需要继续扩大规模直到达到 S_1 点，这时对应亩均产量的最高值 Q_1。此时，亩均产量最高值所对应的规模 S_1，就是政府追求的农业宏观社会效益最大化时的土地规模。

从微观层面看，农户规模经营是为了追求收入的最大化。因此，能够满足获得农业净收入最大化的土地规模就是最合适的。土地规模增加到 S_u 时达到了物质技术水平所能承受的最大值，此时对应的是亩均收益的最高值，农业净收入为 Y_1。但达到 S_u 时土地规模并不是农户追求的最优规模，只要亩均收益的下降幅度不大于土地规模增加的幅度，农户获得的总收益仍是增加的，农户的土地面积将继续扩大。土地规模从 S_0 到 S_u 的过程中，规模效益是递减的，即亩均净收益的增加幅度小于土地规模的增加幅度。S_u 点以后亩均净收益下降，农业净收益虽然是继续增加的，但增加的幅度在减小，直到 S_m 点时，亩均收益的降幅等于土地规模的增幅，规模效益为零，此时的农业净收入 Y_m 达到最大化。土地规模 S_m 就是农户为了追求收入的最大化进行规模经营的最优规模。S_u 为亩均净收益最大化时的规模，S_1 对应亩均产量最高时的规模。假设，由于物质技术水平的限制，亩纯收入增加的幅度要大于亩产增加的幅度，因此，S_1 点在 S_u 前产量达到最大值 Q_1，因此 $S_u > S_1$。以上分析充分表明 $S_m > S_u > S_1$。

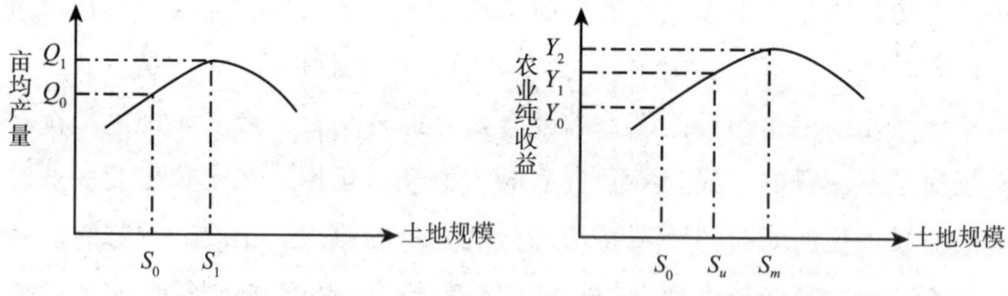

图 5-1　土地规模与农业净收益、单位面积产量生产函数

为此，国家应该采取相关的政策扶持措施尽可能地鼓励在 S_1 规模区间的农户。由于农户追求收入最大化 Y_m 所对应的土地规模 S_m，因此政策可以将这中间的差额（$Y_m - Y_1$）以生产补贴的方式发给农户，避免农户为追求收益最大化扩大规模而造成的部分产量损失。

通过以上分析表明，无论是从农户追求经济效益的视角还是国家追求社会效益的视角，二者所实现的最优经营规模是不一致的，这就会产生两者间利益的博弈。因此，对经营规模与农业收入、单位面积产量的相关关系进行分析，以及对影响三者的主要因素进行分析，对掌握种粮农户土地经营规模行为规律，找到一个合适的规模使之在实现宏观农业社会效益最大化的同时不断增加微观农户的收入，以及为政府的宏观政策的制定提供参考具有重要意义。

5.2 变量的选择及统计性描述

综合国内关于农业经营规模的影响因素研究，一般需要考虑以下内容：一是当地的耕地资源状况，包括地形、地貌等自然条件；二是当地的经济发展水平，主要考察工业化、城镇化发展程度以及劳动力就业状况；三是农业社会化服务水平，包括农业机械化水平、组织化程度；四是农业劳动者素质，包括经营管理能力、受教育程度等；五是农业收入状况；六是当地农业支持政策情况。

关于农业最优经营规模的讨论，国内基本分为三大类观点：一是追求农户家庭收入最大化（或农户农业收入最大化）；二是农业生产效率最优（资源配置效率最优）；三是使农户收入达到当地城镇收入平均水平（或达到外出务工收入水平）。如果归为两大类的话，基本分为追求产量最大化的国家宏观粮食安全目标和追求收入最大化的农户微观目标。

为进一步判断粮食产量目标和收入最大化目标以及经营规模的关系。本章采用皮尔逊相关系数矩阵（pearson）和冗余分析法（RDA）对农户收入、粮食产量、种植规模以及生产投入产出之间的关系进行关联性分析。探寻各要素之间的生产关系。

研究数据来源于2014年河南、河北、山东三省的农户调研数据。三省地处中国黄淮海平原腹地，是我国粮食主产省份，是全国最重要的连片小麦主产地，也是我国小麦—玉米连作的主要区域。作为我国重要的粮食主产区之一，近年来粮食播种面积不断提高，2014年粮食产量占全国总产量的21%以上。三省处于相邻地理位置，农业生产的地理气候条件相似，都是一年两熟制，夏季主要收获冬小麦，秋季主要收获玉米、大豆等作物。因此，研究分别选取河南省许昌县、河北省藁城区、山东省菏泽市三个粮食主产县（市）进行直接访谈和问卷调查。访谈对象为地方农业管理部门，主要是为了掌握当地农业生产的基本情况，并由他们提供当地粮食专业户的基本信息以方便调查。调查对象为以小麦—玉米种植为主的种粮农户，问卷回答人为户主或生产经营决策关键人。以河南省许昌县、河北省藁城区、山东省菏泽市为例，以研究小麦—玉米轮作生产方式为主，得出该区域适度规模经营面积。

在河南省许昌县随机抽取了3个乡镇依次展开调研，分别是榆林乡、五女店镇和陈曹乡。在调研地选取10个村，总耕地面积为27 986亩，全部为水浇地。从农户调研情况来看，所调研的105个农户中，粮食生产主要人员（一直参加粮食生产）的平均年龄为52岁。2014年户均农业收入2.37万元，有外出务工的家庭，户均外出务工总收入6.5万元。调研的10个村户均0~10亩的种植户有4 022户，10~30亩的种植户有641户，30~50亩的种植户有163户，50~100亩的种植户有45户，100亩以上的种植户有28户。大户多集中在30~50亩或50~100亩，其中30~50亩的户数略微多于50~100亩的。农户种植规模较低与当地距离市区较近，本地就业方便与农户选择兼业经营有关。平均每户的耕种面积为35亩（含大户），其中每户平均自有面积为6.6亩，平均每户向他人租种28.5亩，租金为每亩500~1 000元不等。机械化方面，小麦翻耕基本达到100%机械翻耕，亩均费用60元；99.5%以上的家庭使用机械播种，亩均费用20元；几乎100%的家庭使用机械收获，亩均收获费用50元。玉米方面，86%以上的家庭使用机械播种，亩均费用20元；69%的家庭使用机械收获，亩均收获费用100元。其他种植作物如大豆、马铃薯，播种和收获都基本使用机械，亩均费用分别约20元和50元。但是在作物干燥环节机械化程度非常低，大部分为自然干燥。农业补贴方面，粮食直补加农资综合补贴为117元/亩。良种补贴政策标准为：小麦、玉米、大豆、油菜每亩补贴10元。从农户调研情况来看，66%的农户了解粮食直接补贴，61%的农户了解良种补贴，47%的农户了解农资综合补贴。其中，了解补贴的农户基本都认为自己获得过补贴，但具体的补贴金额和补贴标准有72%以上的农户不太清楚。从满意情况来看，获得这些补贴的农户都表示比较满意。从购买保险情况来看，85%以上的农户没有购买农业保险。从购买保险的意愿来看，35%以上的农户具有购买诸如小麦、玉米种植方面的保险的意愿。

在河北省藁城区随机抽取了3个乡镇依次展开调研，分别是廉州镇、南营镇和南孟镇。在调研地选取10个村，总耕地面积为33 834亩，全部为水浇地。从农户调研情况来看，所调研的117户家庭631个农民中，全部和部分从事农业生产劳动的平均年龄为48岁，151个外出务工农民平均年龄为36岁，大专以上文化程度的约占7.61%，初中文化程度的约占30.43%，小学及以下文化程度的约占31.06%。2014年藁城区调研农户户均农业总收入8.8万多元，有外出务工的家庭户均外出务工总收入约4.7万元。种植规模方面，调研的农户中户均30亩以上的种植户比较少，大多数农户种植面积为0~10亩。其中，种植面积达100亩以上的只有17户，50亩以上的有22户，30~50亩的有29户。土地流转情况方面，调研的10个行政村2014年土地流转面积为8 810亩，占总耕地面积约26.04%。其中，全部转出的农户569户，占总农户数的7.81%。从土地流转对象来看，主要是流转给农户或合作社，其中流转给合作社的居多。流转给农户的时间期限为1~5年不等，流转给合作社的时间期限有1年的，也有5~10年。从所调研农户分析，每户平均自有面积为7.42亩，有租种耕地的农户每亩平均租金为675元。机械化方面，调查农户小麦耕、种、收基本达到100%机械化，亩均耕地加秸秆还田费用100~110元、亩均播种费用15~20元、亩均收获费用55~60元。玉米播种基本全是机械化，亩均播种费用20~30元；93%的农户玉米收获采用机械化，亩均收获费用110~120元。在干燥方式方面，调研农户基本都是自然干燥。从藁城区农业补贴的调研来看，将近90%的农户了解粮食直接补贴，82%的农户了解良种补贴，50%的农户了解农资综合补贴。其中，了解补贴的农户基本都认为自己获得过补贴，但具体的补贴金额和补贴标准有50%以上的农民不太清楚。从满意情况来看，获得这些补贴的农民基本都表示比较满意。从购买保险情况来看，70%以上的农户购买了农业保险。从购买保险的意愿来看，66%以上的农户具有购买自然灾害保险的意愿。

在山东省菏泽市随机抽取了两个乡镇展开调研，分别是皇镇乡和郑营乡。在调研地选取9个村。从农户调研情况来看，所调研的96个农户中，粮食生产主要人员（一直参加粮食生产）的平均年龄为58岁。2014年户均农业收入1.34万元，有外出务工的家庭，户均外出务工总收入2.48万元。种植规模方面，调研的农户中户均30亩以上的种植户比较少，大多数农户种植面积为0～10亩。每户平均自有耕地面积为5.8亩，有向他人租种耕地的，租金为每亩500～1 000元不等。机械化方面，小麦机械翻耕率基本达到100%，亩均费用60元；机械播种率达100%，亩均费用20元；机械收获率100%，亩均收获费用65元。玉米方面，95%以上的家庭使用机械播种，亩均费用25元；几乎80%的家庭使用机械收获，亩均收获费用100元。但是在作物干燥环节，机械化程度非常低，大部分为自然干燥。农业补贴方面，从农户调研来看，52%的农户了解粮食直接补贴，47%的农户了解良种补贴，22%的农户了解农资综合补贴。其中，了解的农户基本都认为自己获得过补贴，但具体的补贴金额和补贴标准有60%以上的农户不太清楚。从满意情况来看，获得这些补贴的农户都表示比较满意。从购买保险情况来看，76%以上的农户没有购买农业保险。从购买保险的意愿来看，15%以上的农户具有购买诸如小麦、玉米种植方面保险的意愿。

具体见表5－1。

表5－1　　调研地区统计描述

地区	地理位置	耕地面积（公顷）	行政村（个）	人口（人）	种植种类	交通条件
榆林乡	许昌县西南	4 517.4	31	63 000	小麦、玉米、烟叶、花生、谷子	距许昌城区13公里，境内许榆公路纵贯南北，许平南高速公路横跨东西
五女店	许昌县东部	4 767	35	57 800	小麦、玉米、花卉、林木	辖区内311国道、许尉、许扶高速公路穿境而过，西邻107国道、高铁东站和京港澳高速公路

续表

地区	地理位置	耕地面积（公顷）	行政村（个）	人口（人）	种植种类	交通条件
陈曹乡	许昌县东北部	6 140	35	76 000	小麦、玉米、蔬菜、花卉	南距 311 国道 4 公里，新元大道、栏桂公路平行贯穿全境
廉州镇	藁城南部	4 467	35	68 000	小麦、玉米、蔬菜	石德铁路、307 国道、石黄高速公路穿腹而过
南营镇	藁城南部	4 229	12	43 000	小麦、玉米、蔬菜	辖区内有县道藁梅路、马山线、表王线，省道衡井线，国道京港澳高速
南孟镇	藁城北部	3 147	14	43 000	小麦、玉米、蔬菜、生猪和蛋鸡养殖	省道新赵线、正港线，县道金五线和京石高速复线（有出口）穿境而过
皇镇乡	菏泽东部	2 867	18	34 300	小麦、玉米、大豆、棉花、圆葱、山药、胡萝卜、芦笋	327 国道和新石铁路横贯东西，日东、菏关、德商高速公路在此交汇
郑营乡	菏泽北部	4 783	29	53 000	小麦、玉米、中药材、油用牡丹、人造林	鄄巨公路纵穿郑营乡全境、临商复线贯通南北，距京九铁路鄄城站 8 公里，距日东高速公路 19 公里

资料来源：根据调查数据整理得到。

样本收集按照地方农业局提供的信息，随机抽取样本进行走访调研。本次共收集样本 330 份，有效样本达到 318 个。本次问卷调研内容涉及两大部分：一是家庭总体情况，包括家庭人口基本情况、收入情况、土地流转基本情况、农业补贴及保险情况；二是生产收益，包括种植种类、近 2 年的粮食种植面积与产量及 2014 年的成本收益情况。为了保证被调研对象回答问题的精确性，调研内容基本采取列表式，由被调研者给出实际答案，虽然这样会给调研及统计带来一定的复杂性，但避免了备选项答案的限制性以及同一性，保证样本的真实和精确。而对于跨度较大的答案则采用分段式指数统计法。其中，关于家庭人口及就业情况，考察家庭人口、教育程度、务工时间、收入以及参与粮食生产活动状况。关键人的教育水平指数备选项为：1 = 未受过教育，2 = 小学，3 = 初中，4 = 高中或中专，5 = 大专及以上。关于农业机械化使用情况，考察耕翻地、播种、收获和干燥方式几个环节的机械化采用及费用，了解农业机械化的普及范围及原因；关于耕地流转及农业经营情况，考察土地流转及租金状况、近两年的种植种类、产量及出售价格，化肥使用数量及有机肥使用情况，了解农业具体经营情况；关于灌溉情况，考察该年是否灌溉、灌溉次数以及灌溉方式，了解农业用水情况；关于家庭收入及农业补贴满意程度情况，考察家庭总收入、种地收入以及外出打工收入，考察农户的贷款情况、农户对粮食补贴的满意程度及农业保险的参与程度，了解农户家庭收入以及对政策的满意度情况。

结合粮食经营规模影响因素的相关研究和黄淮海地区的实际情况，本章将小麦—玉米经营规模的影响因素主要分为四个方面，分别是收入因素、农户特征、产量因素以及投入因素。其中主要探讨收入因素、产量因素与规模经营的关系。

由于农户在生产中追求的是总收益的增加，首先选择代表农户总收益的种地收入。考虑到农户兼业经营的普遍性，把家庭总收入也作为考虑因素。生产成本是农业生产的重要组成部分，也是影响农户是否扩大经营规模的主要因素。单位面积产量则代表了土地的集约化水平和粮食的生产效率。

按照最初的设计，在对粮食经营规模影响因素的评估中还加入了农业生产成本中的地租租金、政策因素中农户获得的粮补数额等变量。但是由于相当部分的样本农户只经营自家承包地，地租租金为零，而有租赁土地的农户每亩租金 800 ~ 1 000 元不等，数据的缺失最终导致地租数据效果的不显著。政策因素中农户获得的粮补数额亩均标准是统一的，因而粮补数额与农户承包地面积直接相关，而对农户的经营规模的影响较小。所以，地租租金、粮食补贴等变量并没有放在模型中。

因此，研究主要选取代表农户总收益的种地收入、农户家庭收入和代表粮食生产效率的单位面积产量作为因变量。以耕地规模、生产资料投入、农户特征为自变量，论证代表一定规模水平的经营收入（产量）、耕地规模与生产资料投入、农户特征的关系。

变量的选择与说明见表5-2。

表5-2　　变量的选择与说明

变量名	符号	变量说明
经营规模：		
耕地面积	*Land*	单位：亩
产量		
小麦、玉米总产量	*Output_gc*	单位：吨
小麦、玉米单位面积产量	*Output_unit*	单位：斤/亩
收入：		
种地收入	*Income_pla*	单位：万元；农产品销售收入
家庭总收入	*Income_family*	单位：万元；含种地收入、务工收入以及其他收入
外出打工收入	*Income_mig*	单位：万元；农户家庭成员外出务工总收入
农户特征：		
家庭人口	*Pop*	单位：人
经营者年龄	*H_age*	单位：岁
参与农业生产的人口数	*Pop_agr*	单位：人
生产资料投入：		
化肥花费	*Input_fer*	单位：元/亩
小麦玉米浇水费用	*Input_irr*	单位：元/亩
小麦玉米机械费用	*Input_mec*	单位：元/亩

5.3 农户粮食经营规模影响因素实证研究

利用SPSS20软件对各因素进行Pearson相关性检验，得出p-value值。应用Canoco4.5软件，选择冗余分析（Redundancy Analysis，RDA）定量评估经营规模变量对农业收入以及粮食单位面积产量的影响。粮食经营规模参数和影响因素变量用箭头来表示，粮食经营规模变量和影响因素变量之间的相关关系由影响因素特性箭头投影到粮食经营规模箭头上的长度大小进行估算。根据冗余分析探讨农户特征、生产资料投入以及耕地面积对粮食经营规模（收入和产量）的影响及其主控因子。

利用SPSS20软件对各因素进行Pearson相关性检验，并给出p-value值，结果如表5-3所示。

表5-3　粮食经营规模影响因素变量统计描述

变量名	观察值	最小值	最大值	均值	标准差
Output_gc	318	0	2 436	38.596	191.925
Output_unit	318	0	4 158.537	972.491	279.959
Income_pla	318	0	137.8	3.171	10.249
Income_family	318	0.05	204	8.653	17.347
Land	318	0.9	2 400	38.841	175.393
Pop	318	2	12	5.248	2.128
H_age	318	23	79	54.739	10.765
Income_mig	318	0	50	4.241	5.491
Pop_agr	318	0	6	1.994	0.931
Input_fer	318	0	1 248.78	350.333	151.432
Input_irr	318	0	400	85.401	70.733
Input_mec	318	0	410	233.135	87.198

从分析结果可以看出：耕地面积（*Land*）和小麦—玉米总产量（*Output_gc*）、小麦—玉米单位面积产量（*Output_unit*）、种地收入（*Income_pla*）、家庭总收入（*Income_family*）、经营者年龄（*H_age*）、外出务工收入（*Income_mig*）和亩均灌溉费用（*Input_irr*）间表现出极显著的相关性，且基本上是正相关关系（仅与经营者年龄*H_age*是负相关）；耕地面积和家庭人口（*Pop*）、参与农业生产人口（*Pop_agr*）、亩均化肥费用（*Input_fer*）以及亩均机械投入费用（*Input_mec*）没有显著相关关系。

根据冗余分析，在影响因素与粮食经营规模关系的排序双标图中（见图5-2），总产量和种地收入代表粮食经营规模，二者越高表示经营规模越大，单位面积产量表示经营规模的产出率。图中各影响因素（经营规模）之间的相关性为矢量之间夹角的余弦值，夹角越小，二者间的关系越显著；各影响因素在经营规模矢量上的投影方向表现相关的正负性，投影长短表现二者之间相关性大小，据此判断影响经营规模产量变化的主控因子。

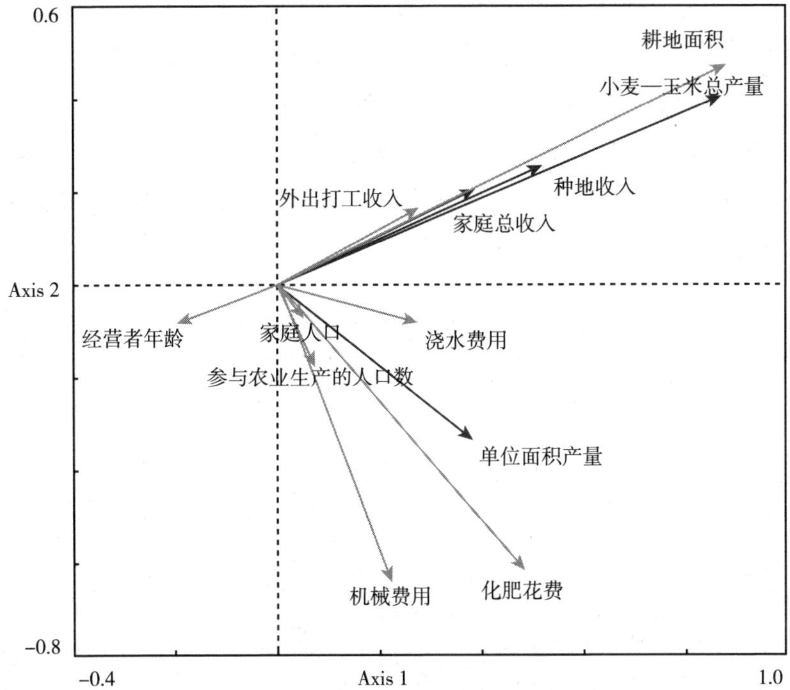

图5-2　粮食经营规模影响因素排序双标示意

5.3.1　耕地面积是影响种地收入的主要因素

不论是Pearson相关性检验的结果还是排序双标图的结果，耕地面积（*Land*）与种地收入（*Income_pla*）间的关系均表现为较强的相关性。耕地面积与种地收入间的相关系数（0.579）远大于单位面积产量（*Output_unit*）与种地收入间的相关系数（0.152）。耕地面积在种地收入矢量上的投影最长，说明耕地面积（*Land*）是影响种地收入的主控因素，一定程度上也说明了农户增加种地收入很大部分是靠耕地面积的提升。

除种地收入外，耕地面积大小还与家庭总收入（*Income_family*）、经营者年龄（*H_age*）、外出务工收入（*Income_mig*）和亩均灌溉费用（*Input_irr*）都呈显著相关性。其中与农户家庭总收入、外出务工收入显著正相关较强，说明农户家庭总收入和非农收入的增加可以为农业投入提供更多的资本用于土地流转以扩大耕地面积。耕地面积和亩均灌溉费用（*Input_irr*）显著性正相关，体现了黄淮海地区一定经营规模下农田灌溉方式及技术的重要性。目前该区域基本都是采用人工灌溉的方法，随着规模的增加需要雇用更多的劳动力进行农田灌溉，因此灌溉费用越高一定程度上也说明了经营规模比较大。耕地面积和经营者年龄（*H_age*）呈显著性负相关（基本成180度角），表示农业生产者越年轻，农业经营规模相对可能越大。具体见表5-4。

表5-4　　粮食经营规模影响因素估计结果

变量	*Output_gc*	*Output_unit*	*Income_pla*	*Income_family*	*Land*	*Pop*	*H_age*	*Income_mig*	*Pop_agr*	*Input_fer*	*Input_irr*	*Input_mec*
Output_gc	1	0.334**	0.566**	0.435**	0.959**	0.012	-0.206**	0.310**	-0.008	0.171**	0.209**	-0.071
Output_unit	0.334**	1	0.152**	0.109	0.179**	0.043	-0.049	0.053	0.087	0.391**	0.134*	0.297**
Income_pla	0.566**	0.152**	1	0.649**	0.579**	0.100	-0.149**	0.121*	0.038	0.005	0.150**	0.051
Income_family	0.435**	0.109	0.649**	1	0.455**	0.248**	-0.113*	0.470**	-0.020	-0.074	0.109	0.108
Land	0.959**	0.179**	0.579**	0.455**	1	0.020	-0.198**	0.347**	0.014	0.100	0.235**	-0.075
Pop	0.012	0.043	0.100	0.248**	0.020	1	-0.015	0.308**	0.211**	-0.079	0.115*	0.168**
H_age	-0.206**	-0.049	-0.149**	-0.113*	-0.198**	-0.015	1	-0.105	-0.001	-0.006	-0.128*	0.026
Income_mig	0.310**	0.053	0.121*	0.470**	0.347**	0.308**	-0.105	1	-0.110	-0.039	0.088	0.038
Pop_agr	-0.008	0.087	0.038	-0.020	0.014	0.211**	-0.001	-0.110	1	0.166**	0.185**	0.063
Input_fer	0.171**	0.391**	0.005	-0.074	0.100	-0.079	-0.006	-0.039	0.166**	1	0.097	0.040
Input_irr	0.209**	0.134*	0.150**	0.109	0.235**	0.115*	-0.128*	0.088	0.185**	0.097	1	0.184**
Input_mec	-0.071	0.297**	0.051	0.108	-0.075	0.168**	0.026	0.038	0.063	0.040	0.184**	1

注：** 表示在0.01水平（双侧）上显著相关；* 表示在0.05水平（双侧）上显著相关。

5.3.2 单位面积产量对种地收入有显著性影响

单位面积产量（*Output_unit*）对种地收入（*Income_pla*）有显著相关性，但并不是影响种地收入的主要因素。与单位面积产量相比，耕地面积（*Land*）对种地收入的影响更大。一定程度上也说明了在目前的生产条件下，农户生产处于边际收益（*MR*）大于边际成本（*MC*）的状态，通过耕地面积的扩大能够有效地提高种地收入水平。这时，农户的生产目标如果是追求种地总收入最大化，其更多考虑的是扩大耕地面积，而不是提高单位面积产量。这也说明了目前我国粮食经营主体在追求收入最大化的目标下很可能把更多的重点放在追求面积的扩大，而忽视对单位面积产量的提升。种地收入的增加很大部分不是靠单产的提升，而是通过耕地面积的扩大，这也与我国目前遭遇“技术天花板效应”导致粮食单产提高速度受限有关，农户只能通过播种面积的增加实现总产和总收入的提升。因此从政府方面应该加大对农业技术的投入，以弥补农户在此方面投入的不足。

小麦—玉米单位面积产量与小麦—玉米总产量（*Output_gc*）、耕地面积（*Land*）、种地收入均有显著相关性，从图5－2来看，单位面积产量与小麦—玉米总产量两矢量间夹角较小，表明与收入参数相比，二者间的相关性更强。但对种地收入而言，单位面积产量远不及耕地面积对其造成的影响。从侧面显示出，当单位面积产量越高时，总产量会随之增加，继而提高了种地收入。

5.3.3 化肥投入对单位面积产量的影响最大

化肥花费（*Input_fer*）、机械花费（*Input_mec*）和浇水费用（*Input_irr*）与单位面积产量（*Output_unit*）有显著相关性。根据图5－2，化肥花费、机械花费和浇水费用在单位面积产量矢量上的投影长短直接表明化肥、机械和浇水投入变化对单位面积产量产生的影响。其中，亩均化肥花费在单位面积产量矢量上的投影最长，表示其与单产的相关性最大，亩均机械花费仅次于化肥花费。耕地面积（*Land*）以及浇水费用对小麦—玉米单位面积产量也都呈显著相关。说明影响小麦—玉米单位面积产量的主要因素是化肥费用、机械费用、浇水费用以及耕地面积。

5.3.4 经营者年龄与经营规模、农业收入呈显著性负相关

根据图5-2结果显示，经营者年龄（*H_age*）与耕地面积（*Land*）、种地收入（*Income_pla*）、小麦—玉米总产量（*Output_gc*）、家庭总收入（*Income_family*）呈显著性负相关的关系，且在图中基本为180度角。表示农业生产者越年轻，农业经营规模相对可能越大，农业收入及家庭总收入也就越高。经营者年龄和小麦—玉米单位面积产量、家庭人口（*Pop*）、参与农业生产人口（*Pop_agr*）外出务工收入、亩均机械投入费用（*Input_mec*）和亩均灌溉费用都呈负相关关系，与亩均化肥费用（*Input_fer*）是正相关。

5.4 土地托管对粮食适度规模经营的影响

随着农业生产技术的不断发展，小规模农户与大机械化耕作的矛盾日益凸显。而另一方面进城务工农户由于缺乏工作和生活保障不愿意将土地流转或仅只是短期流转出去。耕地流转的不稳定性使得家庭农场、种粮大户等适度规模经营主体的种植风险和交易成本增加，我国小规模农户还会在相当长的时间内继续存在。为此，人们将提升规模效益、增加农民收入的方法由土地流转转向完善社会化服务上。

通过近几年实践的发展，越来越多的学者认为土地托管的农业社会化服务实现了在家庭联产承包制度下统一经营和农户分散经营的有机结合，形成了区域农业规模经营的新模式，能够有效解决传统小户面临的技术水平较低、劳动力成本较高，以及家庭农场、种粮大户等新型经营主体面临的植保、粮食烘干等机械设备不足，农产品仓储困难、规模优势不突出的问题。

土地托管是针对目前社会上流行的几种农业生产模式的缺点，通过农业生产一线人员反复实践和讨论修正，创造出来的一种新型农业生产商业模式。托管的表现为“农户承包权不变，农民收益权不变，农户经营权不变”。在不改变农民的土地承包权、收益权以及国家补贴政策享有权的前提下，农户将其不愿耕种或无力耕种的土地委托给合作社或者经营组织代为耕种管理，促进农业生产规模化、集约化、机械化。土地托管服务在我国的东北地区和华北地区被广泛地探索、实践、宣传和推广。山东是我国较早发展土地托管模式的地区，通过山东潍坊市土地托管服务的研究，分析其对粮食规模化经营的影响，具有重要的意义。

山东省潍坊市是我国传统农业产区，其粮食作物以小麦、玉米为主，多年来在对农业进行产业化探索的同时，不断构建和完善农业社会化服务体系，所提出的“三公里土地托管服务圈”模式成为我国发展现代农业的典范。主要代表是潍坊市供销社领办下的农民专业合作社联合社通过土地托管模式建立的农业社会化服务体系，成为当地各方利益主体追求外部利润的共同诉求下达成利益一致统一的产物。该社会化服务体系在解决“谁来种地”问题上发挥了重要作用，为散户粮食生产提供全托服务、为大户粮食生产提供统防统治等规模效益更高的服务、为经济作物生产农户提供生产技术和销售渠道，真正地实现了“农业增效，农民增收”，充分发挥组织协调与合作共存优势，实现规模经济与范围经济双重经营绩效。

5.4.1 土地托管服务内容

在山东，土地托管服务以供销合作社为建设主体，由地方的基层供销社、村委会、农民专业合作社、龙头企业以及农村信用社等各组织和机构联合成立“为农服务中心”。为农服务中心是依托土地托管服务模式的一种新型农业社会化服务组织。为农服务中心组织和整合农机合作社、农业企业等社会资源，打造农资供应平台、农机服务平台，同时也不断地建设和完善农业社会化服务内容，增加测土化验、智能配肥、农机维修等新型服务项目。以寒亭区高里供销社为农服务中心为例，主要由潍坊穗禾农作物种植专业合作社、万田农机专业合作社和寒亭区高里供销农民合作社联社组成。该街道共有100多个合作社，得到为农服务中心服务的有30多个合作社，全托面积达到3万亩，主要对象为成片托管的散户（集中面积100亩左右），半托面积达20万亩，主要服务对象为家庭农场、大户、合作社。托管作物包括小米、棉花、小麦、玉米、土豆、冬枣等。该为农服务中心自身流转了部分土地作为试验田，进行新品种、新技术引进、试验和示范。

土地托管按生产环节可分为产前、产中和产后服务，服务内容涉及农资超市、测土化验、智能配肥、粮食烘干和储存、农机作业、农机维修服务等。按照服务方式分为全托和半托。

1. "土地托管"服务分布

（1）农机作业服务。各类农机合作社是农机作业服务的主体，实现了自给自足的传统小农户由单一、粗放型传统小机械作业向专业化、标准化、组织化的现代大型机械作业模式转变，农业综合生产力大大提高，全面加快了我国农业现代化发展进程。如万田农机专业合作社由成立初期的十多台农机具发展至目前的东风大马力拖拉机械15台、中型拖拉机12台、小型拖拉机20台、小麦收获机10台、玉米收获机15台、玉米青贮机3台，与拖拉机配套的农机具如深松机、旋耕机、播种机、免耕机等配备齐全。雇用60多个农机手，服务范围除本地区外，还向周边河南、山东、黑龙江部分区域提供机械服务。主要服务作物种类为小麦和玉米。农机专业合作社为农机手提供了一个更好的服务平台，为农业机械存放提供了一个较好的场所。农机作业服务对外开展有偿的机械化服务，提高周边的农业机械化水平，降低成员的机械种植成本，达到降本减工、提质增效的目的。

（2）农机供应及维修服务。主要解决农机购置资金问题以及农机维护成本高，维修服务手段少的问题。如潍坊高密市孚高农业服务有限公司，与高密春雨机械有限公司合作，代为销售农机具，以农机确权的模式将农机销售给农机手，一台机械28万元左右，农机手每年支付6万元（约农机总价的20%），5年内全部结清。经确权的农机具占该服务公司拥有农机数量的1/3。并为农机手提供农机存置与维修服务，每位农机手象征性地每天交1元的管理费，解决了农机购买、维修及存放的一系列问题。该公司雇用有长期及临时农机手，大大提高了农机手的收入和保障。

（3）烘干、仓储服务。规模较大的为农服务中心一般建有粮食储存塔、粮库，总储存能力2万吨左右。其中储存塔储存能力为1500吨，用来储存一定数量的粮食，保证粮食能够短期内迅速装车运输，在节约时间的同时提高劳动效率。为农服务中心配备的烘干机造价80多万元，每年能够达到363吨的烘干量。一些粮食种植大户，在收获季节通过现代化的机械设备很快就把地里的粮食收了回来，但在晾晒的时候就成了问题，因为大量的粮食晾晒需要很大的平台空间，如果堆积的粮食不能尽快晒干就会发霉变质。粮食烘干机的利用，大大减少了劳动力的投入，粮食的大批量快速烘干也解决了粮食晾晒场地的问题，摆脱了因不利天气而烂谷子的问题，是继机耕、机插、机收后粮食生产的又一机械化趋势，它是农业生产的又一大进步。

（4）测土配方施肥服务。测土配方施肥是通过智能终端配肥机将土壤养分含量、种植制度、作物需肥规律、产量目标等作为肥料配方的关键因素予以统筹管理，在控制系统内写入土壤养分含量数据（IC卡），终端输入作物、种植制度、目标产量等命令，就可以生产对应的配方肥。每处为农服务中心都配备有智能终端配肥机，为农户提供更为合理科学的配方肥。测土配方施肥将土壤检测、配方制定、肥料生产、经营服务、农民施肥有机结合起来，形成产供销施一体化的服务体系，从根本上改变农民施肥习惯，实行因土壤类别、因作物需求、因农户需要施肥，提高农产品产量、改善农产品质量。该项服务平均每亩可节约10%的施肥量，达到了节本增效、减少或防止施肥不当造成的面源污染的效果。

（5）植保服务。主要通过使用施药方式更科学、施药技术更先进、药械性能更可靠的新型植保机械，取代传统低效、高耗、高残留的植保方式，实现机械化、规模化统一植保。在对高密市孚高农业服务有限公司的调研中发现，该公司拥有3架用于植保的小飞机，一架小飞机价值60万～80万元，为周边提供统防统治服务。通过流通服务每亩可节约15%～20%的农药施用量，对节约生产成本、保护生态环境具有重要的意义。

（6）其他服务。包括流通服务、仓储服务等。如由潍坊佳禾农产品专业合作社、潍坊涧田农机专业合作社联合成立的寒亭区固堤供销社为农服务中心，建有亿家乐日用品超市，建立高毒农药储备库一个（潍坊市共有两处），对于农产品"保安全、保长效"以及农药"同一储备、统一管理、统一使用服务"制度的建立有着重要的意义。

2. "土地托管"服务方式

土地托管按照服务方式分为全托、半托的服务方式。全托是指从播种到施肥、用药、收获、储存等全过程、全方位的专业托管服务。一般情况下，要求全托服务的多为全年在外打工的传统小户。按照潍坊市固堤为农服务中心的价格表，该中心对小麦—玉米全托的收费标准是915元/亩，比农户自己种植节约195元（见表5－5）。与全托相对应，半托是指为农户及种粮大户提供植保、烘干、仓储、配方施肥等高性能农机环节的服务。

表5－5　　2014年潍坊市土地托管服务供销社效益分析

服务项目	业务量	社会价格	供销社价格	节支增效	供销社成本	供销社利润
耕整地	春秋两季	70	55	15	45	10
供种	小麦30斤/亩	80	65	15	55	10
	玉米3.5斤/亩	50	35	15	25	10
供肥	小麦100斤/亩 玉米100斤/亩	145 145	145 145	20（配方施肥）	275	15（配方施肥可得20元）
种肥同播	小麦	75	65	10	60	5
	玉米	35	30	5	25	5
打药	5次	105	90	15	75	15
浇水	3次	105	75	30	55	20
收获	小麦	65	55	10	45	10
	玉米	65	55	10	45	10
秸秆还田	玉米	50	45	5	40	5
烘干	供农民烘干玉米	55	55	45	40	15
合计		1 045	915	195	785	150

资料来源：根据调查数据整理得到。

5.4.2 土地托管服务效果

1. 全托服务解放农业劳动力

全托实现从播种到施肥、用药、收获、储存等全过程、全方位的专业托管服务。一般情况下，在全托服务的支持下，把土地交给农民合作社代耕代种，无论是选种、买肥、播种、田间管理，还是秋收，统一由合作社负责，农民只需等待收获后卖粮。在农户看来，除去每个环节交纳的服务费用外，每亩地还有不少收益，而且能安心外出打工，受到进城务工而土地又未流转出去的农户的普遍欢迎。按照小麦—玉米轮作方式进行托管的农户能够节支增效 195 元。服务提供方合作社的利润主要来源于科技和规模经营效益，依靠科技应用、农机具服务提供和规模经营获得收益。托管服务降低了成员的机械种植成本，达到了降本减工、提质增效的目的，同时对外开展有偿的机械化服务，提高了周边的农业机械化水平。合作社也能获得相应的盈利，一亩地全套服务下来除去成本能获得利润 150 元。

2. 半托服务提高粮食生产专业化水平

半托服务有效解决了农户及种粮大户对植保、烘干、仓储、配方施肥等专业高性能农机环节的需求。半托服务在形式上比全托服务更为灵活，在依托代耕代种的服务基础上，还发展了大面积植保、烘干、配方施肥等服务环节，较好地解决了大户生产中面临的植保、烘干等问题，对于家庭农场、专业大户等大规模粮食经营主体的意义重大。如在植保环节起到节约生产成本、保护生态环境的作用。解决种粮大户的晾晒和仓储问题，大大降低粮食损失率。提供测土配方施肥，节约化肥施用量，节本增效，减少面源污染。

在对山东潍坊市实地调研的过程中也发现，真正实现全托服务的还比较少，大部分都实行的是半托服务。原因主要有两点：一是当地灌溉基础设施还未能实现全程机械化，每年的小麦和玉米加起来要浇 5 ~6 次水，人工劳动成本过高，因此，农业社会化服务中无法对农户提供农田灌溉方面的相应服务，农田灌溉基本还是由农户自己解决；二是一些家庭农场、种植大户等经营主体拥有部分农业机械，在耕、种等环节能够实现自给自足，对全托服务没有需求。这说明目前我国土地托管服务依然任重而道远，部分环节的服务业务以及服务水平还有待进一步的创新和提升。

5.4.3 土地托管方式的分析评价

土地托管经营方式的实现解决了在土地流转限制下适度规模经营发展速度缓慢的问题，有利于增进粮食生产规模效益，促进农业生产方式向规模化、集约化、机械化转变，提高了农户与合作社的利润，在一定程度上解决了“谁来种地”的问题，有利于保障国家粮食安全。

1. 土地托管实现了各方利益的一致性

利益一致性是实现土地托管服务的内在动因。目前，国内外都较为公认农户家庭经营能够更好地适应农业生产的需要。家庭经营在各国农业经营模式中占据主要地位，也是我国农业的主要经营模式。目前我国家庭经营主要包括无土地流转的传统小户和经过土地流转的适度规模经营主体。但是，在我国现有的机械化水平下，传统小户普遍存在粗放型经营，而种植大户又存在部分生产环节的专业化、机械化服务不足。土地托管农业服务的产生正是出于传统小户和适度规模经营主体的需求而产生。土地托管立足种肥药等生产资料服务优势，积极整合社会资源，从耕、种、管、收、储、加、销等环节为农民提供全托管服务或环节托管服务。延伸为农服务链条，打造从良种繁育、农资供应到成品加工的全产业链服务模式。既满足适度规模经营主体对植保、烘干、仓储、配方施肥等高性能农机半托服务需求，又照顾到传统小户对播种到施肥、用药、收获、储存等全过程全方位的专业托管、订单式、“套餐式”全托服务的需求。同时，基础农资供应、机械服务费用、订单生产销售成为土地托管服务主体的主要收益来源。

通过对潍坊市供销社领办下的土地托管社会化服务体系的案例分析发现，该体系是当地各方利益主体追求外部利润的共同诉求下达成利益一致统一的产物。在解决“谁来种地”问题上发挥了重要作用，为散户粮食生产提供全托服务、为大户粮食生产提供统防统治的规模效益更高的服务、为经济作物生产农户提供生产技术和销售渠道，真正地实现了“农业增效，农民增收”，充分发挥组织协调与合作共存优势，实现了规模经济与范围经济双重经营绩效。

2. 更好地实现分工和专业化，提升粮食产业经济效益和产品竞争力

土地托管的方式避免了土地流转和入股等方式，以提供生产环节服务的方式直接面向农户。既避免了土地流转的融资成本，又能实现合作社和农户的“统分结合”，更容易实现合作社农业经营规模的扩大，获取更大范围的规模经济。从合作社层面看，依托土地经营规模的扩大，还可以进一步发展农产品初加工、储存、物流等其他农业相关服务，通过深化农业的产业和产品内部分工，实现农业生产的内、外部经济。从农户层面来看，农户只需交少量的管理费，就可以将土地交由合作社管理，借助合作社的统一经营安心地在外务工，将更多的时间和精力投入更大范围的社会分工中去。

3. 实现土地规模经营和农业发展方式转变，统一经营，节本增收

一是机械化、标准化生产有利于统一农产品质量。在土地托管的生产方式下，合作社统一采用优质种子、统一农机作业、统一技术使用标准等，更有利于生产监测和农产品质量保障。二是统购统销，节本增效。合作社通过统一购买农资和统一提供农机服务，节约了农资采购和农机服务的交易成本。参与土地托管的农户，与市场价相比其整个生产环节每亩能够节约195元的生产成本。合作社从优质企业购进质量可靠的化肥和农药，一方面有利于提升农产品质量水平；另一方面减少由于使用劣质化肥、农药造成的环境污染和产品损失。通过统一销售，打造和实现农产品品牌效应，从产前、产后带动和实现粮食生产发展方式的转变。

4. 提高了传统小户粮食生产的规模化和组织化程度，提高了规模效益

考虑到农机的作业成本和使用效率，潍坊市合作联社提供托管服务的要求是农户集中连片土地面积至少要达到50亩以上才可提供服务。如面积过小或过于零散，农业机械则需跑多个来回才可完成作业，对于抢种抢收的时节，这样既浪费时间又耗费能源，机械成本过高。而农户为了节约交易成本，采取领头农户作为代表寻找农机服务，因此在实际操作过程中农户多愿意采取相邻地块多户联合的做法，将土地连片集中，或者由村委会集中统筹安排整村耕地。交由服务中心统一管理，一定意义上提高了传统小户的规模化和组织化程度。

5. 降低种粮大户、家庭农场的种粮成本和经营风险，为适度规模经营提供保障

伴随我国现代农业的不断发展，小农户规模与大机械化种植的矛盾日益凸显，而家庭农场、种粮大户等适度规模经营主体的种植风险又逐渐增大。土地托管的社会化服务不仅促进纵向一体化经营，为小农户和新型经营主体提供农资供应、机械化播种与收获、测土配方施肥、统防统治、粮食烘干、仓储等专业化服务，加强资源要素整合，延长产业链条；还可以通过横向一体化实现规模经济、范围经济，最大限度地降低经营主体的交易成本、降低生产风险。如通过土地托管的“一喷三防”服务，对小麦集中连片区开展飞防作业，将药剂规范、安全地喷洒到田间，提高有效防治率、节约农药施用量、降低种粮大户的生产成本。在小麦病虫害高发时期，采用人工喷防的方式效率低、成本高，且很难在有效时间内控制消灭大面积麦田虫害。统一飞防作业服务能够节省用药20%，节约费用40%，提高劳动生产率300～600倍，有效防治率达96%以上。粮食烘干服务是土地托管服务的延伸环节，有了烘干机，粮食不用上公路晾晒，既节省场地，又能避免粮食的二次污染，同时还能保证小麦颗粒归仓，不造成浪费，是助农增收的好举措，得到了农民欢迎和政府支持。这些专业化服务为种粮大户、家庭农场解决植保、粮食烘干和仓储的问题，降低了大户的经营风险。

6. 农业服务向多元化、市场化发展

一是作为服务对象的农产品的市场化趋势。农业的资本化投入较大，从农机购买到农地租赁、农资购买，都需要很大一笔资金投入。从长远来看，根据参与农业生产的资本追逐经济利益的本性，未来资本投资农业更愿意转向蔬菜、水果、花卉等价值较高的经济作物。根据对种植大户的调研，其中有一位大户，其本人成立了安丘市致富粮食种植家庭农场，同时也是安丘市致富农机专业合作社的第一股东，家庭农场面积680亩，在本村流转了近1/3的土地，目前种植的作物为小麦、玉米。地租为800元/亩，同时享有60元/亩的大户补贴和125元/亩的农业补贴。当问到下一步的种植计划时，该大户计划将部分耕地改建成大棚，种上经济价值更高的蔬菜。

二是农业服务向加工、购销、流通等市场环节发展。农业最赚钱的领域是生产之外的加工、购销和流通等环节。目前，一些农民专业合作社开始向加工、购销、流通等环节发展，尤其是购销环节。如专注于农产品初加工的安丘市茂源果蔬专业合作社，是由安丘市供销社牵头，联合14个基层社领办的专业合作社，一期投资1 400万元建设蔬菜加工厂；二期计划投资895万元建设恒温库和果蔬加工车间，在保障当地农民蔬菜销售和吸收农民就业方面发挥了巨大的作用。

三是农业服务参与主体的市场化、多元化趋势。借助服务平台将农机合作社、种植合作社、龙头企业及部分种粮大户整合吸纳到土地托管经营服务体系中来，将各自的优势形成合力，共享资源。发挥政府的优势，实现政府对农业社会化服务体系的规范和监管职能，依托企业自身的资金、技术以及销售渠道优势，延长农业产业链条。就高密市供销社为农服务中心来说，其能够成为权威的农业服务供给者，一方面是本身为参公单位，具有一定的权威性和公信力，农民更愿意接受；另一方面是联合高密市孚高农业服务有限公司的加入，具有充分的市场资本搭建生产设备以及购买高性能农机具，例如建设造价上千万的粮塔、购买价值百万的烘干机以及小飞机等。

5.5 粮食经营规模其他影响因素分析

5.5.1 资金支持决定粮食生产基础设施投入

适度规模经营离不开政府财政的资金支持。粮食适度规模经营是在高科技投入和现代化管理方式下实现的农田集中连片经营，资本投入是最先需要考虑的因素。相比于小农户，粮食适度规模经营的投入大、风险高，仅靠农户自己的经济实力以及农业生产本身的资本积累，很难实现对农业的持续投资。因此，农业的弱势地位以及我国农业基础设施薄弱的现状客观上要求政府给予农业更多的支持，尤其是在资金方面的支持。

政府财政支持改善粮田基础设施，可以扭转粮食生产条件差、生产方式落后的局面。通过增加财政在农业生产基础设施以及农业科技方面的投入，可以降低农业生产风险，提升农户的私人利润率，有利于提高农户发展粮食适度规模经营的积极性和农产品的市场竞争力。

农村金融的融资支持有利于农业的生产性投资。从世界各国经济发展的经验来看，无论是发达国家，抑或是新兴的市场经济国家，其农业现代化的发展都离不开金融强有力的支持。对于农业规模经营大户来说，大量的资金需求是一个极为现实的问题。农业的生产性投资需要金融机构提供融资支持，如果不能得到金融机构在信贷方面的有效支持，其规模经营也无法顺利进行。

5.5.2 农业科学技术进步提升规模经营效益

农户规模经营离不开农业科技进步的巨大推动。以发达国家为例，农业生产中的科技贡献率已经达到80%左右。速水佑次郎和拉坦（2000）的研究成果也表明，发达国家的农业生产具有显著规模经济特征的主要原因就是技术进步。

农业科学技术提升对农户适度规模经营的影响，主要是通过农业生产要素优化实现。

首先，农业科技进步促进农业劳动生产率的提升。农业科技的推广和应用大大提高了劳动生产率，尤其是机械型技术的应用使大量剩余劳动力从农业中解放出来，为实现以少量的家庭劳动力从事适度的土地规模经营提供了基础。

其次，农业科技进步推动了农业生产方式的革新。农业科技进步主要表现在生产资料的提升以及农业生产装备的进化。农业生产资料结构和功能的变化以及农业技术装备水平的高低，都直接决定了农业现代化生产方式转变，制约着农业规模经营的效益和外延拓展。

5.5.3 市场化程度影响规模经营的资源配置

在小农生产的背景下，粮食价格、土地要素以及劳动力要素均由政府管控，农业资源配置多以政府管理为主导。而农业适度规模经营具有规模化、集约化和市场化的特征，更多地需要通过市场配置方式实现农业生产各环节的要素流动和价值增值。

首先，适度规模经营的农产品商品化实现需要在市场完成。商品化程度高是适度规模经营中农产品的主要特征。生产规模的扩大必然导致产出规模的扩大，而农产品产出又需要以一定的市场需求量为前提，与市场发展水平息息相关。因此，市场化水平的提高是农户规模经营的关键。没有市场规模的扩大，农业适度规模经营的持续发展就只能是空谈。

其次，土地和劳动力等生产要素的流动需要以市场为媒介。农户适度规模经营的前提是一定规模的农地集中。种植大户、农业企业通过一家一户的谈判方式进行土地流转，费时费力还很难保证土地的集中连片，最终还需要通过土地流转市场实现。而土地流转市场的发展和完善程度直接决定了农户能否利用市场条件做出符合资源配置和自身经济状况的有效决策。

最后，农业规模经营的风险也直接受到市场化完善程度的影响。农户规模化经营意味着基本上所有的农产品产出都需要通过市场来消化，市场发育程度越高、市场价格信息越完备，农产品的销售风险就越小。

5.6 本章小结

根据对粮食规模经营影响因素的实证分析，研究得出以下结论。

微观农户层面，耕地面积是影响种地收入的主要因素，农户家庭总收入和外出务工收入可以为农业投入提供更多的资本用于土地流转以扩大耕地面积；单位面积产量对种地收入有显著性影响；影响小麦—玉米单位面积产量的主要因素是化肥费用和机械费用；经营者年龄与经营规模、农业收入、小麦—玉米总产量有显著负相关的关系，农业生产者越年轻，农业经营规模可能相对越大，农业收入也就越高。

宏观社会层面，土地托管服务能够解放农业劳动力和实现专业化生产，极大地促进了粮食适度规模经营的发展。该服务在解决“谁来种地”问题发挥了重要作用，为散户粮食生产提供全托服务、为大户粮食生产提供统防统治等规模效益更高的服务、为经济作物生产农户提供生产技术和销售渠道。真正地实现了“农业增效，农民增收”，充分发挥组织协调与合作共存优势，实现了规模经济与范围经济双重经营绩效。而政府及金融机构的资金支持、农业科学技术的发展以及农业市场化程度的提升也都直接影响到粮食生产的规模和效益情况。

第 6 章

基于调研的黄淮海粮食经营主体生产效率分析

6.1 样本数据的描述性统计分析

1. 测度指标的变量及统计描述

适度规模的研究必须结合当地所具备的各项经济发展条件。中国地域辽阔，自然条件复杂多样，各地经济发展水平差异较大，并不适宜在全国范围内普遍采用同一个农业经营规模标准。因此，本书特选取黄淮海地区作为研究区域，以河南、河北、山东为调研对象，研究黄淮海地区小麦—玉米适度规模经营。

本章主要涉及的指标包括农户的耕地情况、农业劳动力情况、农业劳动力转移情况、农民收入情况以及生产收益情况等因素，具体包括小麦—玉米播种面积（亩）、参与农业生产人数（人）、每亩租金费用（元）、亩均雇佣成本（元）、化肥费用（元）、灌溉费用（元）、机械费用（元）以及单位面积产量（斤）（见表 6－1）。

表 6－1　　　　变量定义及统计描述

变量	最大值	最小值	均值	标准差
小麦—玉米播种面积（亩）	4 800.00	3.08	535.58	1 131.94
参与农业生产的人数（人）	3.00	1.00	2.02	0.41
每亩租金费用（元）	1 006.67	0	614.77	335.07

续表

变量	最大值	最小值	均值	标准差
化肥费用（元）	551.41	271.00	384.07	69.65
灌溉费用（元）	360.00	66.05	129.55	92.29
机械费用（元）	340.00	190.48	256.38	39.57
单位面积产量（斤）	1 100.00	92.55	944.53	209.75

2. 规模分布与成本收益状况

农户小麦—玉米轮作的单位面积产值、单位面积成本（不含人工成本）、单位面积收益及农户经营总收益是反映成本收益的关键指标，在种植规模分布下表现出较为明显的规律。

每亩平均产值随规模的变化差异不大。亩均产值保持在 2 098 ~2 357 元之间（见表 6 –2），整体差异不大，其中 10 ~20 亩、50 ~200 亩以及 200 亩以上的亩均产值稍高一些，主要原因是粮食销售价格以及产量的提高（见表 6 –3）。总体来说，五类种植规模的亩均产值均在 2 000 元以上，产值较高的原因与 2014 年粮食价格处于高位阶段有关。

每亩平均成本随规模的增加而递增。从表 6 –2 各规模所反映的生产情况来看，随着规模的增加，平均成本逐渐上升。亩均成本为总产值减去净收益再除以亩数所得，成本上升的主要原因是租金费用以及固定资产等的投入。

每亩平均收益随规模的上升而递减。10 亩以下种植农户的亩均收益最高，投入成本（除去人工成本）最低，报酬率相对也最高。10 ~20 亩的亩均收益属于次高水平，平均成本较 10 亩以下高一些，但相比其他规模仍属于较低成本，是比较经济的小规模生产状态。20 ~50 亩规模由于平均成本相对较高，故亩均收益低于 0 ~20 亩而高于 50 ~200 亩规模水平。200 亩以上规模的亩均收益远低于其他规模的收益水平，主要原因是平均成本太高。但总的来说，五类种植规模的亩均收益均在 400 元以上。

经营规模越大农户农业总收益越高。不同规模中，农户总收益最高值出现在 200 亩以上，远高于普通经营规模（0 ~10 亩、10 ~20 亩以及 20 ~

50亩）的农户。200亩以上规模的总收益最高，平均产值也最高，但由于平均成本相对过高，因此亩均收益相比其他规模要低一些。

由于追求高收益成为多数种植户的主要生产目标。因此从农业总收益来看，农户在生产过程中会尽可能地提高生产规模，规模越大，获得的总收益越高。此外，从单位面积产量看，随着规模的增加，单产呈现上升趋势，原因可能是规模越大，农户越倾向于使用优质种子以及采用科学的农田管理方式和先进的种植方式。总的来说，单位面积产量和总收益率均随生产规模的扩大而呈现增长的趋势。

表6-2　　不同规模种粮农户成本收益统计描述

耕地面积（亩）	户数	平均耕地面积（亩）	平均成本（元/亩）	平均产值（元/亩）	平均收益（元/亩）	总收益（元/户）
0~10	245	5.27	728.04	2 098.34	1 370.3	7 221.48
10~20	28	13.19	1 021.72	2 219.74	1 198.02	15 801.88
20~50	12	32.2	1 321.2	2 062.82	741.62	23 880.16
50~200	22	96.14	1 545.61	2 182.44	636.83	61 224.84
200以上	11	747.13	1 898.54	2 357.72	459.18	34 3067.15

表6-3　　不同规模农户家庭特征及收入

耕地面积（亩）	户数	本人年龄	家庭人口	平均产量（斤/亩）	平均粮食价格（元/斤）	家庭总收入（元/户）	外出打工收入（元/户）	家庭人均收入（元/人）	自有地面积（亩）
0~10	245	56.00	5	961.40	1.14	46 280.84	39 259.64	9 256.17	5.11
10~20	28	53.00	7	959.41	1.26	170 334.38	73 404.67	24 333.48	9.40
20~50	12	51.00	6	1 005.25	1.11	106 621.00	81 510.00	17 770.17	13.55
50~200	22	47.00	5.5	1 110.74	1.11	240 439.50	54 228.57	28 611.88	12.77
200以上	11	42.00	6	1 261.92	1.12	436 973.64	137 571.43	72 828.94	6.67

6.2 基于聚类分析的农户经营规模划分

聚类分析方法涉及领域广泛，在农业区域中也被普遍应用。王娟

（2014）利用来自滇西南山区405个农户的实地调查数据，从农户的自然资本、物质资本、人力资本、社会资本和金融资本方面运用K－均值聚类法（K－Means）将样本农户的生计策略划分为五种类型。吴乐民（1991）和梅成瑞（1992）分别采用聚类分析法对广东旱作农业和宁夏旱地类型进行分析。李业荣（2010）和杜华章（2010）分别采用系统聚类分析和K－Means对我国各省农业综合实力以及江苏的县域农业竞争力进行分析。黄国勤、刘秀英（2007）根据农业地形采用欧式距离法对江西生态农业进行分类。纵观国内情况，聚类分析被大多数学者应用于区域划分，而对于规模的划分研究较少，仅有张忠明（2010）采用层次聚类法中的聚集法，按照土地经营规模逐步归类，最终划分为24个规模区域。因此，为反映农户在不同经营规模下粮食生产的效果，本章将采用聚类分析（cluster analysis）对农户规模进行划分。

本章以2014年河南、河北、山东三省318个农户的投入产出数据为基础，对农户生产规模进行聚类分析。主要选用的是聚类分析中的层次聚类法，然后采用组间联结方法按照土地经营规模逐步归类，以0～10亩、10～50亩、50亩以上分别表示为小规模、中等规模、大规模。经过聚类分析后主要划分为18个组别，以耕地规模为参照项，用数字1～18表示。结果见表6－4。

表6－4　　不同规模农户聚类分析结果

编号	经营规模	编号	经营规模	编号	经营规模
1	0～2.1（≤2.1）	7	10～14（≤14）	13	50～150（≤150）
2	2.1～4（≤4）	8	14～18（≤18）	14	150～320（≤320）
3	4～5.3（≤5.3）	9	18～23（≤23）	15	320～560（≤560）
4	5.3～7（≤7）	10	23～27.6（≤27.6）	16	560～720（≤720）
5	7～8.4（≤8.4）	11	27.6～34（≤34）	17	720～1 000（≤1 000）
6	8.4～10（≤10）	12	34～50（≤50）	18	1 000～2 400（≤2 400）

6.3 经营主体适度规模的效率测度

目前关于黄淮海地区的适度规模研究较少，黄淮海平原是我国重要的粮食安全保障区域，其小麦—玉米轮作的生产方式也非常适于大田作物的机械化和规模化生产。对于人多地少、交通便利的中部平原来说，发展适度规模经营也有利于解放当地农业劳动力、提高种粮农户收入，利于科学施肥、高效节水等现代化生产技术的推广和实现。

本章基于黄淮海地区 318 份小麦—玉米种植户微观调查数据，从保障国家粮食安全以及农户增收的角度研究种植规模与农户种植技术效率之间的关系。

6.3.1 变量的选择及描述

1. SBM 方法说明

本章采用 SBM 模型（Slack Based Model），对粮食生产效率进行测度。SBM 模型属于非径向非角度的数据包络分析方法（Data Envelopment Analysis，DEA）。DEA 方法于 1978 年由查恩斯、库伯和罗德斯（Chames、Cooper and Rhodes）3 人首次提出，是常用的一种评估效率的计量方法，是基于所评价的决策单元间进行相对效率比较的非参数技术效率分析方法。由于 DEA 原理相对简单，不需设定任何权重，也不需提前设定生产前沿函数，而且还可以用于多投入多产出的效率评价，因此使用范围广泛，在教育、农业、工业、金融、环境、医疗卫生等众多领域都有应用。CCR 模型（Chames，Cooper and Rhodes，1978）和 BCC 模型（Banker，Chames and Cooper，1984）是 DEA 方法中最早的两个模型。CCR 模型为 CRS 径向 DEA 模型，在假设决策单元规模收益不变（Constant Returns to Scale，CRS）的基础上得出技术效率，因其效率成分中包含了规模效率，通常也被称为综合技术效率。BCC 模型为 VRS 径向 DEA 模型，与 CCR 相比多了一个用来考虑规模收益差别的凸性约束条件，主要是基于规模收益可变（Variable Returns to Scale，VRS），得出的是纯技术效率（排除了规模的影响）。径向表达为投入能够等比例减少的程度，或产出能够等比例增加的程度。

在径向 DEA 中，技术效率的测度值包括了所有投入（产出）等比例缩减或增加的比例。而对无效 DMU 来说，其与目标值除了等比例改进的部分外还包括松弛改进的部分。为此，托恩（Tone Kaoru，2001）提出了SBM模型。解决了径向模型对无效率的测量里没有包含松弛变量的问题。

SBM模型主要有两个特点：一是对决策单元的单位没有限制，用于衡量技术效率的投入产出项的不同单位对效率结果不会有任何影响；二是单调性，技术效率与决策单元投入产出项的松弛量成反比。

假设有 w 种投入向量和 r 种产出向量的生产，这时的生产可能集合为：

$$P = \{(x,y) \mid x \geqslant X\lambda, y \geqslant Y\lambda, \lambda \geqslant 0\}$$

SBM模型中对于 n 个DMU其投入和产出向量分别为 $X = x_{ik}$，$Y = y_{ik}$，具有 w 种投入和 r 种产出的DMU（x_k，y_k）的效率进行衡量，下式描述的是SBM模型的基本形式：

$$\eta^* = \mathrm{Min}\eta = \frac{1 - \frac{1}{w}\sum_{i=1}^{w} s_i^- / x_{ik}}{1 + \frac{1}{r}\sum_{i=1}^{r} s_i^+ / y_{ik}}$$

$$\text{s.t.} \quad x_k = X\lambda + s^-$$

$$y_k = Y\lambda - s^+$$

$$\lambda \geqslant 0,\ s^- \geqslant 0,\ s^+ \geqslant 0 \tag{6-1}$$

式（6-1）中，η^* 为效率值，s_i^- 为第 i 种投入要素的冗余，s_i^+ 为第 i 种产出要素的不足。当 $\eta^* = 1$ 时表示，这个决策单元是有效的；$\eta^* < 1$ 时，表示此决策单元的生产效率没有达到有效水平，还需进一步改进。当决策单元处于有效时，其松弛变量均为0，即 $s^- = 0$，$s^+ = 0$，表示在效率最优时不存在投入过剩或者产出不足的情况。

在构建的SBM模型的目标函数式中，$\frac{1}{w}\sum_{i=1}^{w} s_i^- / x_{io}$ 为所有投入项的松弛量占各自实际投入值比例的平均效率水平，$\frac{1}{r}\sum_{i=1}^{r} s_i^+ / y_{io}$ 为所有产出的不足部分占实际产出量比例的平均效率水平，决策单元的产出综合效率则为代表公式 $\frac{1}{1 + \frac{1}{r}\sum_{i=1}^{r} s_i^+ / y_{io}}$。

然而，当 $\eta^* > 1, s^- \neq 0, s^+ \neq 0$ 时，表示决策单元为弱有效状态，这时

在效率评价过程中会出现多个有效决策单元，而导致无法选出相对更优的决策单元。

为此，托恩（2002）提出 SBM 超效率模型。SBM 超效率模型解决了在测量效率值时出现的有效决策单元数量较多的现象，允许有效决策单元的超效率值大于1，从而可以对有效决策单元进行区分排序。SBM 超效率模型表示为公式（6－2），η^{sup}为其效率值。如式：

$$\eta^{sup} = \mathrm{Min}\eta^{sup} = \frac{\frac{1}{w}\sum_{i=1}^{w} \bar{x}_i / x_{ik}}{\frac{1}{s}\sum_{i=1}^{s} \bar{y}_i / y_{rk}}$$

$$\text{s.t.} \quad \bar{x}_i \geqslant \sum_{j=1,j\neq k}^{n} x_{ij}\lambda_j$$

$$\bar{y}_i \leqslant \sum_{j=1,j\neq k}^{n} y_{rj}\lambda_j$$

$$\bar{x}_i \geqslant x_{ik}$$

$$\bar{y}_i \leqslant y_{rk}$$

$$\sum_{j=1,j\neq k}^{n} \lambda_j = 1$$

$$\lambda \geqslant 0,\ s^- \geqslant 0,\ s^+ \geqslant 0,\ \bar{y}_i \geqslant 0$$

$$i = 1,2,\cdots,m;\ r = 1,2,\cdots,q;\ j = 1,2,\cdots,n(j \neq k) \tag{6-2}$$

公式（6－2）中，对于无效决策单元的效率值与式（6－1）依然一致，有效决策单元的效率值则为式（6－2）中通过同比例的扩张及对松弛变量的测算得出不同的数值，进行效率区分和排序。

SBM 超效率模型在生产函数前沿面的表示如图 6－1 所示，图中的 S、C、D、S'处于技术效率的前沿上，四点连接构成的曲线及其延长线称为效率前沿，位于效率前沿上的决策单元的效率值为1，被前沿包裹的 DMU 的效率值为0～1之间。$\eta^{sup}=1$，说明被评价 DMU 位于前沿面上，如 S、C、D、S'点；$\eta^{sup}<1$，说明被评价 DMU 处于技术无效率状态，位于前沿内，如 A 和 B 点；而超效率则以 C 点为例，C 点的超效率是由除 C 以外的其他 DMU 构成的前沿，即 S、D、S'，C 在该前沿的投影点为 C'，其效率超出的部分反映为 CC'，其超效率值为 $\eta^{sup}=OC'/OC$，$\eta^{sup}\geqslant 1$。

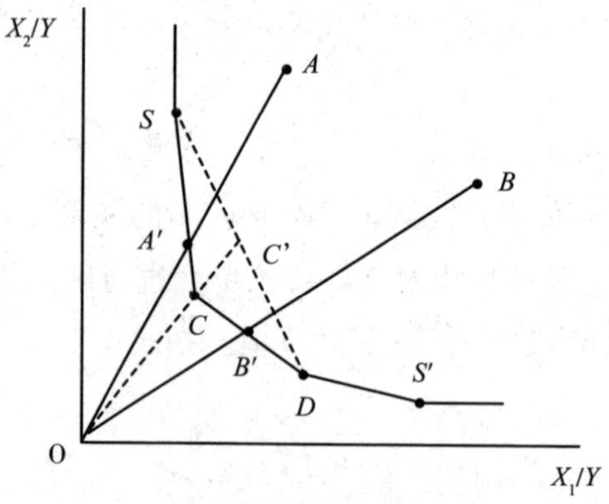

图 6－1　超效率模型示意

2. 基于 SBM 方法选择的指标变量及统计描述

由本章 6.2 部分的内容可知，本章通过聚类分析将 318 个不同规模农户共分成 18 组规模区域（见表 6－4），例如，0～2.1 规模区为大于 0 小于等于 2.1 亩的农户规模，并将每个区域的投入产出量设为该规模区域农户的平均值。

由于 SBM 模型本书主要涉及的指标包括农户的土地面积情况、生产情况、生产资料的购买数量以及其他要素投入的情况，具体为粮食播种面积（亩）、参与农业生产人数（人）、化肥费用（元）、灌溉费用（元）、机械费用（元）、粮食单位面积产量（斤）。

依据调研地区农户小麦—玉米粮食生产数据，对按照层次聚类法将划分好的 18 组小麦—玉米种植规模区域进行效率测算。首先对 18 组 318 户不同规模种植户投入产出情况和农户特征进行描述。每组规模区域的平均投入产出数据如表 6－5、表 6－6 所示。

表 6－5　　2014 年调研地区粮食生产投入和产出

经营规模	耕地面积	粮食播种面积	参与农业生产的人口数	化肥费用	灌溉费用	机械费用	粮食单位面积产量
0～2.1	1.65	3.08	1.62	385.98	66.05	190.48	985.94
2.1～4	3.48	65.12	1.90	344.30	72.57	210.44	960.00
4～5.3	4.81	8.74	2.00	336.15	75.81	224.50	969.91

续表

经营规模	耕地面积	粮食播种面积	参与农业生产的人口数	化肥费用	灌溉费用	机械费用	粮食单位面积产量
5.3~7	6.23	11.30	2.00	339.24	77.60	237.84	991.64
7~8.4	7.79	13.70	2.44	326.52	90.17	226.67	948.71
8.4~10	9.33	16.06	2.15	381.34	115.89	251.93	946.03
10~14	11.87	19.65	1.91	334.57	88.50	266.91	993.11
14~18	15.17	27.67	2.00	358.33	74.83	290.33	1 007.83
18~23	21.11	34.89	1.89	389.50	87.44	216.67	1 024.24
23~27.6	27.30	39.60	2.00	551.41	67.50	340.00	978.79
27.6~34	34.00	68.00	3.00	420.00	350.00	310.00	1 100.00
34~50	50.00	100.00	2.50	271.00	67.50	311.25	956.25
50~150	90.04	143.39	2.18	287.45	85.91	253.12	1 046.42
150~320	260.00	477.50	1.50	369.16	177.75	262.00	961.26
320~560	536.67	1 066.67	2.33	408.37	112.67	266.00	987.50
560~720	720.00	1 440.00	1.00	450.00	100.00	220.00	1 000.00
720~1 000	885.00	1 305.00	2.00	480.00	261.67	236.67	996.29
1 000~2 400	2 400.00	4 800.00	2.00	480.00	360.00	300.00	1 015.00

表6-6　　　　样本农户特征及家庭收入

经营规模	本人年龄	受教育程度（1-没上过学；2-小学及以下；3-初中；4-高中；5-大专及以上）	家庭人口	种地收入	外出打工收入	家庭总收入
0~2.1	59	2.81	3.71	2 900.17	28 183.71	35 155.31
2.1~4	55	2.57	4.35	6 682.45	29 371.69	35 864.48
4~5.3	55	2.44	4.61	8 715.89	30 644.19	44 261.11
5.3~7	56	2.75	5.34	11 050.48	38 929.52	50 824.88
7~8.4	57	2.78	6.11	12 280.28	36 244.17	48 523.89
8.4~10	58	2.74	6.07	14 607.67	52 476.04	69 283.7
10~14	53	2.95	6.95	17 689.82	78 660.91	184 098
14~18	55	2.5	7.33	35 459.83	58 500	181 465.8
18~23	55	3	6.33	37 312.78	74 900	117 968.3

续表

经营规模	本人年龄	受教育程度（1－没上过学；2－小学及以下；3－初中；4－高中；5－大专及以上）	家庭人口	种地收入	外出打工收入	家庭总收入
23～27.6	53	1.5	5	27 904	18 000	47 904
27.6～34	44	3	4	20 400	30 000	50 400
34～50	47	3.25	6	68 962.5	32 500	101 462.5
50～150	48	3.47	5.59	131 575.7	43 776.47	213 994.8
150～320	42	3.5	4.75	188 750	82 500	297 500
320～560	51	4	7.33	629 286.7	43 333.33	672 620
560～720	36	5	3	543 900	0	543 900
720～1 000	40	3	7	218 983.3	6 000	248 316.7
1 000～2 400	40	5	3	500 000	500 000	1 000 000

从样本的统计描述可见，随着生产规模的增加，农户对化肥、灌溉、机械投入呈逐渐上升趋势，单位面积产出在规模轴上基本呈现倒"U"形（见表6－5）。在农户个人及家庭收入特征方面，农户年龄均值为54岁（见表6－6），并且随着种植规模的扩大年龄呈年轻化趋势，经营规模为50亩以上的以40岁左右的生产者居多，说明当地规模经营户以壮年劳动力为主；在农户受教育程度方面，平均受教育程度在初中水平；在收入方面，平均种地年收入为3.14万元，家庭总收入为8.57万元，外出务工收入为4.23万元，属于中等收入水平。

6.3.2 整体效率水平较好

在数据包络分析法中的Super-SBM模型下，选取可变规模报酬（VRS）和非径向非角度（Non-Oriented）方法，针对18个决策单元的相关数据，通过DEA-Solver Pro5.0软件，核算出我国各地区粮食生产效率。从结果来看，调研地区小麦—玉米生产效率水平整体较高。

18组规模区域中，种植效率有效的为13组，具体分布在：0～2.1亩、2.1～4亩、4～5.3亩、5.3～7亩、7～8.4亩、10～14亩、14～18亩、18～

23 亩、27.6～34 亩、34～50 亩、50～150 亩、150～320 亩、560～720 亩，说明这些规模区域的粮食生产综合技术效率都达到了产出水平的最优点，反映出该规模区域内生产要素的投入产出配置比较合理；5 组未达到有效生产，具体分布在：8.4～10 亩、23～27.6 亩、320～560 亩、720～1 000 亩以及 1 000～2 400 亩，说明在该规模区域内资源配置还需进一步优化。

6.3.3 个体效率差异性大

生产效率个体差异较大。规模的效率得分为 0.52～1.5，各组别之间的差距较大。其中，0～2.1 亩的效率最高，1 000～2 400 亩的效率最低，效率最高值与最低值分别为 1.5 和 0.52，这反映了调研地区粮食生产效率的差异性（见表 6－7）。效率值较低的原因与过高的灌溉费用、化肥费用以及机械费用投入有关。说明在效率较低规模区域里资源配置还需进一步优化，应当引起这些农业经营主体的重视。

表 6－7　　2014 年调研地区不同经营规模效率值排序

排名	经营规模	效率值
1	0～2.1	1.5041
2	560～720	1.1398
3	50～150	1.0886
4	34～50	1.0680
5	27.6～34	1.0669
6	18～23	1.0185
7	5.3～7	1.0147
8	150～320	1.0124
9	4～5.3	1.0105
10	10～14	1.0079
11	14～18	1.0078
12	2.1～4	1.0059
13	7～8.4	1.0045
14	8.4～10	0.6422
15	23～27.6	0.6207
16	320～560	0.5916
17	720～1 000	0.5525
18	1 000～2 400	0.5218

6.3.4 效率值随规模的扩大而上升

有效规模区域内，基本呈现效率随规模的增加而上升的趋势（见图6-2）。有效规模区域分别为：0~2.1亩、2.1~4亩、4~5.3亩、5.3~7亩、7~8.4亩、10~14亩、14~18亩、18~23亩、27.6~34亩、34~50亩、50~150亩、150~320亩、560~720亩。效率值随规模的扩大由低到高呈现逐渐上升趋势（0~2.1亩除外）。反映出一定区域内效率与规模的正相关关系。

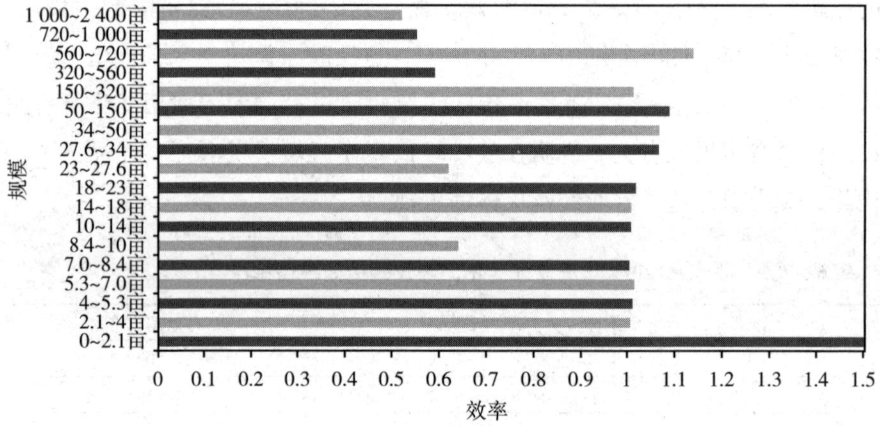

图6-2 2014年调研地区不同规模生产效率分布

6.3.5 最优经营规模分析

按照前面的分析结果，根据Super-SBM的测算，对生产有效的决策单元进行效率排序，即对效率值大于或等于1的决策单元进行全排序，从而找出最佳的决策单元。结果显示，0~2.1亩、560~720亩、50~150亩、27.6~34亩、34~50亩的效率值分别排名前五，更进一步精确和细分了资源配置较好的规模区域。

0~2.1亩和560~720亩区域分别排在第一位、第二位，说明这两个区域的作物种植技术及资源配置效率相对于其他区域更高。在实际调研中，0～2.1 亩的种粮农户主要是以家庭承包经营为主的自有地经营，由于规模小能够迅速对生产投入进行调整，这类农户一般都采用人工播种和收获，在一定程度上减少了机械化操作所引起的漏损率。但是其农业总收入低，属于有效而贫穷的生产，不符合我国农业现代化的发展趋势。而560～720 亩能够实现大规模机械化耕作，减少大型农机在田间不必要的调头和往返，降低机械成本，且能够达到统防统治、测土配方施肥等农业技术实施的有效规模，有利于先进技术的推广和使用。27.6～50 亩主要是经营逻辑与只耕种自家承包地相似的“中农”① 为主，相比0～2.1 亩的小经营规模，比较符合机械化生产技术水平下的家庭内部劳动力的充分利用。50～150 亩适合以家庭农场和种粮大户为主的种植规模，这与倪国华和蔡昉（2015）所得出的131～135 亩（含复种面积）的家庭农场最优播种面积和234～236 亩（含复种面积）的种粮大户最优播种面积也是相一致的。

因此，结合我国目前现有的规模情况，以小规模（50 亩以内）、中等规模（50～200 亩）、大规模（200 亩以上）划分的话，根据有效规模区域内选出的最优规模，本章得出以下结论：我国应鼓励和支持27.6～50 亩经营逻辑接近只耕种自家承包地的个体农户（以中农为主），50～150 亩适用于以家庭劳动力为主的较大规模经营农户（家庭农场、种粮大户），560～720 亩适用于通过新品种、新技术的采用以及提高农机利用率获得收益的大规模农户（种粮大户等）。

6.4 非有效决策单元投入产出调整

效率值和投入产出松弛决定了非有效决策单元的投入产出调整。种植效率大于1 的有效决策单元的投入要素调整值大于等于0。调整值等于0，说明投入要素处于 m 个决策单元连接起来形成的有效生产前沿面上；调整值大于0，是为解决效率值等于1 的决策单元的排序问题。种植效率值小

① 中农是指种植农户的耕地是由邻居或亲友以其自家承包地低价或免费流转而来，农户所耕种的土地通常在村庄或小组内部，其经营逻辑与只耕种自家承包地的农户更为接近的农户（陈义媛，2013）。

于1为非有效决策单元，说明有相对于有效决策单元存在资源配置效率不高的情形。

根据决策单元投入产出调整结果，显示在现有的水平上单位面积产出需要调整1.2%，土地投入需要调整36.1%，劳动力投入需要调整9.85%，灌溉投入需要调整14.9%，机械投入需要调整8.57%，化肥投入需要调整8.45%，才能使调研地区粮食生产的整体综合效率达到有效（见表6-8）。

表6-8　　不同规模种植农户的投入产出调整比例

经营规模	效率值	投入调整率（%）					产出调整率（%）
		粮食播种面积	参与农业生产的人口数	化肥费用	灌溉费用	机械费用	粮食单位面积产量
0~2.1	1.50	1.8364	0.2353	0	0.1477	0.1786	0.0162
2.1~4	1.01	0	0	0.0297	0	0	0
4~5.3	1.01	0	0	0.0525	0	0	0
5.3~7	1.01	0	0	0.0437	0	0	0.0059
7~8.4	1.00	0	0	0.0224	0	0	0
8.4~10	0.64	0.7754	0.2298	0	0.4223	0.2314	0.0406
10~14	1.01	0	0	0.0393	0	0	0
14~18	1.01	0	0	0	0	0	0.0077
18~23	1.02	0	0	0	0	0	0.0181
23~27.6	0.62	0.9222	0.1905	0.3	0.0215	0.4398	0.0073
27.6~34	1.07	0	0	0	0	0	0.0627
34~50	1.07	0	0	0.177	0.1632	0	0
50~150	1.09	0	0	0.2073	0	0	0.0433
150~320	1.01	0	0	0.0622	0	0	0
320~560	0.59	0.9937	0.2999	0.0611	0.4092	0.2778	0
560~720	1.14	0	0.619	0	0	0	0.0141
720~1 000	0.55	0.9792	0.1428	0.231	0.7346	0.1499	0
1 000~2 400	0.52	0.9853	0.0565	0.2945	0.79	0.2647	0
平均值	0.937	0.3607	0.0985	0.0845	0.1494	0.0857	0.0120

注：其中投入和产出调整的平均值为绝对值的平均数。

6.4.1 土地投入需大量调整

从投入角度看，按调整率大小排序，土地投入的调整率最高，灌溉费用投入次之。这与我国土地资源相对不足的现实国情不符，说明调研地区用于农业生产的土地的投入规模大但利用率低或者适合种植的土地少，耕地没有得到高质量的利用。灌溉费用投入调整率较高与农村灌溉基础设施差、灌溉效率低有关。调研地区基本都采用软管喷灌，灌溉次数多、费时长且人工投入大，因此农业灌溉效率尤其是规模种植户的灌溉效率往往很低。劳动力投入调整率排在第三位，说明调研地区农村依然存在较多的剩余劳动力，意味着当地还存在一定的隐性失业。排在最后的是机械投入和化肥投入调整率，说明相对于土地、灌溉和劳动力，机械和化肥投入的利用率较高，但仍然存在投入过剩的问题，原因可能与调研地区农业生产的整体机械化利用效率低、化肥投入超出合理施用量有关。

6.4.2 单位面积产出调整较小

从产出角度看，结果显示因产出不足而需调整仅有1.2个百分点，也就是说在现有的水平上单位面积产出需要调整1.2%，调整幅度较低。相对于土地投入需要调整36.1%、劳动力投入需要调整9.85%、灌溉投入需要调整14.9%等，土地产出效率较高，说明调研地区在要素投入水平下的粮食产出基本达到最优状态。

6.4.3 重点调整投入过量问题

种植效率值小于1的为非有效决策单元，其投入要素调整值基本都小于0，说明相对于有效决策单元，非有效单元存在投入过量的问题比较严重。如8.0～10亩规模和有效决策单元比较，播种面积还可以节约12.45亩，参与农业劳动力可以节约0.49人，亩均灌溉花费可以节约49元，亩均机械花费可以节约58元，亩均单产还可提升38.4斤。23～27.6亩规模效率和有效决策单元效率比较，播种面积可以节约36.52亩，参与农业劳动力可以节约0.38人，亩均化肥花费可以节约165.43元，亩均灌溉花费可以节约1.45元，亩均机械花费可以节约149.52元。

不同规模种植农户生产效率改进方案见表6－9。

表6－9　　不同规模种植农户生产效率改进方案

经营规模	效率值	投入调整					产出调整
		粮食播种面积（亩）	参与农业生产的人口数（人）	化肥费用（元）	灌溉费用（元）	机械费用（元）	粮食单位面积产量（斤）
0～2.1	1.50	5.66	0.38	0	9.76	34.02	－16.02
2.1～4	1.01	0	0	10.24	0	0	0
4～5.3	1.01	0	0	17.65	0	0	0
5.3～7	1.01	0	0	14.81	0	0	－5.83
7～8.4	1.00	0	0	7.30	0	0	0
8.4～10	0.64	－12.45	－0.49	0	－48.93	－58.29	38.40
10～14	1.01	0	0	13.16	0	0	0
14～18	1.01	0	0	0	0	0	－7.79
18～23	1.02	0	0	0	0	0	－18.59
23～27.6	0.62	－36.52	－0.38	－165.43	－1.45	－149.52	7.15
27.6～34	1.07	0	0	0	0	0	－69.00
34～50	1.07	0	0	34.20	14.61	0	0
50～150	1.09	0	0	59.59	0	0	－45.27
150～320	1.01	0	0	22.97	0	0	0
320～560	0.59	－1 059.96	－0.70	－24.94	－46.11	－73.90	0
560～720	1.14	0	0.62	0	0	0	－14.06
720～1 000	0.55	－1 277.90	－0.29	－110.89	－192.22	－35.47	0
1 000～2 400	0.52	－4 729.49	－0.11	－141.37	－284.41	－79.42	0

6.5 本章小结

本章采用聚类方法中的层次聚类法将所有农户划分为成18个规模区

域，分别代表18组变量，每个区域的投入产出量为该规模区域农户的平均值。以SBM模型对18个决策单元的相关数据进行效率核算，通过对黄淮海地区不同规模小麦—玉米轮作的效率测度，得出黄淮海地区小麦—玉米轮作效率的最优规模为0～2.1亩、27.6～34亩、34～50亩、50～150亩以及560～720亩。根据决策单元投入产出调整结果，单位面积产出还需要调整1.2%，土地投入需要调整36.1%，劳动力投入需要调整9.85%，灌溉投入需要调整14.9%，机械投入需要调整8.57%，化肥投入需要调整8.45%，才能使调研地区粮食生产的整体综合效率达到有效。最后，结合我国新型农业经营主体的发展特点，以保障粮食安全和实现农民增收为目标，提出我国应鼓励和支持经营规模在27.6～50亩的中农、50～150亩的家庭农场（大户）以及560～720亩的种粮大户等经营主体的建议。

第 7 章

发达国家农业规模经营的发展及对我国的启示

7.1 美国农场规模、收入及对我国的启示

美国农场作为农业经营主体的主要力量，近年来呈现出整体规模上升的趋势，家庭收入也普遍高于全国平均水平。但是，美国也出现了农场经营者老龄化、农场收入比重较低等问题。通过对美国农场发展的现状和基本特点进行归纳与研究，对我国发展农业适度规模经营具有一定的借鉴和启示。

2013 年中央一号文件首次提出“家庭农场”的概念，并明确指出鼓励发展新型农业生产经营模式。家庭农场是以家庭内部劳动力为主，以农业生产为主要收入来源，是我国农业生产经营的一种创新模式。2014 年以来，我国逐步明确了推进发展农户适度规模经营的家庭农场的相关政策。家庭农场在中国将如何发展，国家应给予哪些方面的支持，都是值得探讨的问题。美国农场经历百年的历史演化和市场竞争，形成了现代机械装备强大、规模化程度高的经营体系。因此，研究美国农场生产规模、收入以及发展趋势，对我国农业规模经营的发展具有重要的现实意义。

7.1.1 美国农场的规模概况

美国对农场内涵的最近一次界定出现于 1974 年的农业部规定：在统计

年份中，任何生产或销售农产品（谷物和牲畜等）达到或超过 1 000 美元的主体就是农场。[①] 而在美国农场中家庭农场几乎占到所有农场的 96%[②]，对美国的农业生产起着至关重要的作用。从组织形式看农场主要分为三种，即个人业主制、合伙制和公司制。占比方面，2012 年美国个人业主制农场占全部农场的 64%、合伙制农场占 28%、公司制农场及其他则占 8%。

美国农场规模的划分标准是基于他们的年度销售值而不是农场面积。主要原因是各地雨水条件以及土壤肥沃程度的不同。如同一单位面积土地的非灌溉低降雨区（如犹他州南部）和土壤肥沃高降雨区（如华盛顿东部的草甸地区）的生产能力相差较大，因此选用年度销售值衡量生产能力和农场规模更为科学合理。按照年度销售值，美国农场被分为五类：1 000 ~9 999 美元、10 000 ~99 999 美元、100 000 ~249 999 美元、250 000 ~499 999 美元、500 000 美元及以上。

1. 农场数目呈下降趋势

2008 ~2014 年美国农场数目呈下降趋势，由 2008 年的 218 万个下降到 2014 年的 208 万个，整体下降 4. 58%。其中，2014 年比 2013 年的农场数目下降了 1. 8 万个，减少的农场全部分布在 1 000 ~9 999 美元销售值区域。而其他销售值区域的农场数目则有所增加，其中 500 000 美元及以上销售值农场数目增加的最多。这是因为在完全市场竞争的条件下，良好的技术装备就是最大的生产力。较大规模的农场具备提升技术装备的投资能力，通过采用新的技术装备提升农业生产效率以获得更高的收益率，同时，为了提高对新技术装备的利用率，对邻近经营效益差的小农场进行吞并，扩大经营面积以降低生产成本。由此形成了小规模农场数目迅速减少，大规模农场数目显著增加的趋势。

2. 单位农场面积增加，整体规模水平提高

2008 ~2014 年，美国单位农场面积由 421 英亩上升到 438 英亩，整体

---

① 美国农业部网站，Farms and Land in Farms 2014 Summary，USDA，2015。
② 美国农业部网站，Economic Research Service 2007 Family Farm Report。

上升4.04%。从农场销售规模分类来看，最小规模农场（1 000 ~ 9 999 美元销售值）的农场数目迅速减少，中等规模（10 000 ~ 99 999 美元销售值、100 000 ~ 249 999 美元销售值）以及大规模农场（500 000 美元及以上销售值）的数目有了明显增加，说明最小销售值规模的农场开始转移到更高的销售值规模农场（见表7－1）。同时，农场总数目的下降速度高于农场总面积的下降速度，使得单位农场面积增加，进而促进美国农场整体规模水平的提高。

表7－1　　2014年不同销售值规模农场的分布与变化

销售值	农场数目			总面积			平均农场面积（英亩）
	农场个数（万个）	占总农场数目比例	比上年变化（个）	总面积（万英亩）	占总农场总面积比例（%）	比上年变化（万英亩）	
$1 000 ~ 9 999	105	50.6	－27 000	9 080	9.9	－432	86
$10 000 ~ 99 999	62.2	29.9	3 000	19 380	21.2	－6	312
$100 000 ~ 249 999	14.5	7.0	2 000	12 890	14.1	－193	899
$250 000 ~ 499 999	9.7	4.7	600	12 530	13.7	－15	1 290
$500 000 +	16.5	7.9	3 100	37 410	41	544	2 267

资料来源：美国农业部网站。

3. 大部分农业产出来自少数大型农场

小规模农场数目迅速减少，大规模农场经营占据优势。2014年，1 000 ~ 9 999 美元销售值的农场数目是105万个，比2013年减少了2.7万个，平均农场面积为86英亩；而500 000美元及以上销售值规模农场的数目是16.5万个，比2013年增加了0.31万个，平均农场面积为2 267英亩。500 000美元及以上销售值规模农场的经营面积达到所有农场总面积的41%①，但是其农场数目仅占农场总数的7.9%（见表7－1）。由此可以看出，大多数的农场土地经营来自美国国内相对较少的大农场。2007年的美国农业普查也显示，占9%的大型和超大型的家庭农场生产出占总销售价值63%的产品。

① 美国农业部网站，Farms and Land in Farms 2014 Summary，USDA，Beb 2015。

4. 小规模农场的区域性发展价值不容忽视

虽然近年来小规模农场的数目在减少，但是依然占到农场总数的50.6%（见表7－1）。区域市场的日益普及直接或间接地成为小农场和牧场的一个新的发展机会。特别是那些在城郊地区的小农场和牧场利用本地营销机会，生产、销售大量产品，在美国居民生活中起着重要的作用。同时，小农场和牧场能够确保美国约10%的耕地面积用于农业用途，起到保护自然资源的作用。小规模经营组织的价值，不管是目前和未来，都逐渐体现出来。

7.1.2 美国农场的收入概况

美国农场家庭收入主要分为农场收入和农场外收入。农场收入主要有农产品销售净现金收入、农业出租收入、休耕收入、政府转移支付、提供农业服务的收益等。农场外收入有农业劳动收入、工薪收入、农场外经营活动净收入、社会保障收入等。

1. 农场家庭收入高于全国家庭平均收入水平

2014年美国农场经营者平均家庭总收入为131 754美元，其中农场收入28 687美元，占到家庭总收入的22%（见表7－2）。根据2008～2013年美国农业部统计数据，美国农场平均家庭收入稳稳高于全国平均家庭收入水平。其中，2008年美国农场平均家庭收入是全国平均家庭收入的1.17倍。到2013年，美国农场平均家庭收入达到118 373美元，已经是全国平均家庭收入72 641美元的1.63倍。农场家庭平均收入持续高于全国家庭平均收入水平的主要原因是农场家庭的非农业收入比例增加以及农场规模的上升。2008～2013年农场家庭仅靠非农业收入一项就已经高于全国家庭平均总收入①。

① 美国农业部网站。

表 7－2　　2008～2014 年美国农场家庭平均收入与全国家庭平均收入的比较　　单位：美元

年份	农场经营家庭				美国家庭总收入	农场经营家庭收入/美国家庭总收入
	总收入	农场收入	非农收入	农场收入/总收入		
2008	79 796	9 764	70 032	0.12	68 424	1.17
2009	77 169	6 866	70 302	0.09	67 976	1.14
2010	84 459	11 788	72 671	0.14	67 392	1.25
2011	87 290	14 625	72 665	0.17	69 677	1.25
2012	112 447	25 965	86 482	0.23	72 310	1.56
2013	118 373	27 897	90 476	0.24	72 641	1.63
2014	131 754	28 687	103 067	0.22		

资料来源：美国农业部网站。

2. 农场收入在家庭总收入中的重要性降低

尽管近年来随着美国农场规模水平的提高以及农产品价格的上涨，农场收入在家庭总收入中的比例逐年增加，农场收入在家庭总收入中的重要性却依然较低。2014 年美国农场经营者平均家庭总收入为 131 754 美元，其中农场收入为 28 687 美元，占到家庭总收入的 22%。2008～2014 年期间，农场经营者的农场收入占家庭总收入比例基本徘徊在 10%～25%之间，而这一比例在 1971 年为 51%，农场收入的重要性大大缩减。2012～2014 年受国际农产品价格上涨的影响，农场收入连续 3 年保持在 20% 以上，与前几年相比虽然有大幅度增加①，然而，到目前为止仍然只占美国农场家庭总收入的 1/4。从农场规模来看，大型商业农场的农场收入占家庭总收入的 79%；中等销售农场为 4%；小型（居民生活）的甚至为 －1%。由此得出，随着农场规模水平的降低，其家庭收入中来源于农业收入的比重也在降低。因此，对于美国农场家庭来说，农场收入在农场家庭总收入中重要性越来越低，仅有 35% 的农场经营者或配偶以农场工作为主要的职业②。

① 美国农业部网站，Principal farm operator household finances, by ERS farm typology, 2013。

② 美国农业部网站，Characteristics of principal farm operator households, by gender of principal operator, 2012。

3. 农业补贴成为保障农场收入的重要因素

美国农场经营净剩余的实际值扣除政府补贴后，基本上有90%的农场不能达到全国平均家庭收入水平。在2013年，政府的平均支付（支付农场）达到11 835美元（美国农业部农业资源管理调查，2013），而当年农场的平均收入为27 897美元，美国对农场经营者的补贴比例高达42.4%。巨大的农业补贴数额，成为农场收入的重要保障。但是，由于美国的农业生产性收入支持政策主要是通过对农业生产提供政策支持，受益者大部分为农业生产产值较多的大农场。大规模农场家庭可以依靠农业收入和政府转移支付获得与全国家庭平均水平相当或更高的收入。因此，农场生产规模成为决定农场获得农业补贴高低的重要因素。

7.1.3 农场经营者结构与特点

1. 老龄化程度与农场规模成反比

据2012年美国农业部统计：农场主要经营者的平均年龄为58岁，其中有66%的经营者年龄超过55岁，31%的经营者年龄超过65岁。若将65岁以上的定为老年经营者，低于10 000美元销售值规模的农场老年经营者占比为61%；10 000～249 999美元销售值规模农场老年经营者占比为32%；大于等于250 000美元销售值规模农场老年经营者占比仅为7%。从这些数据可以看出随着农场规模扩大，农场经营者越年轻。这主要是因为大农场需要更多的技术辅助，如操作各种传感器、自动驾驶的机器、处理来自卫星的GPS数据等，其生产经营管理的自动化、机械化和信息化程度较高，年轻人在这方面更具有知识和精力优势。

农场经营者老龄化问题突出，农场可持续经营面临挑战。据美国农业部统计，美国农民的平均年龄已经超过55岁，许多人在非农就业退休后继续经营很小的农场作为退休活动。估计有70%的美国农田将在未来20年内转手，然而许多家庭农场没有愿意继续耕作的下一代①，如果农场或牧

---

① 美国农业部网站，Family Farms Overview，USDA，2010。

场家庭还没有充分的继承计划，那它很可能会破产，被吸收到规模较大的相邻农场，或转化为非农业用途。

2. 男性经营者收益占据绝对优势

2011年男性经营的农场数目为185万个，占农场总数的88%。男性经营者的农场面积占到美国农场总面积的95%，平均经营规模达到413英亩，主要经营种类分布在作物种植（42%）和肉牛养殖（34%）等方面。而女性经营者由于需要照顾家庭以及自身经营能力的限制，农场经营面积较小，平均规模仅为171英亩，平均农场收入为137美元，仅占男性经营者平均收入的0.5%。

3. 兼业经营普遍且与农场规模负相关

以2011年农场经营者为例，当年专门从事农业生产的农场主仅占49%，其中夫妻二人都专门从事农业生产的为37%。兼业经营情况普遍存在。如果将农场分为农业销售总值高于或等于250 000美元、农业销售总值10 000～249 999美元、农业销售总值小于10 000美元三个等级，农场主从事农业生产，配偶从事非农经营的家庭农场生产规模最高，有24%的农场能够达到高于或等于250 000美元的生产销售水平；夫妻二人都从事农业生产的家庭农场规模次高，有13%的农场能够达到该水平；仅农场主从事非农经营和夫妻二人都从事非农经营的最低，分别有5%的农场能够达到该水平。农场主兼业经营的农场规模明显不如专门从事农业生产的农场规模，即兼业经营程度与农场规模负相关。

农场主及家人对于兼业经营的选择主要受到非农就业条件、农场工作情况及照顾家庭等多方面的影响。一般来说在有良好的额外收入、健康医疗保险和社会安全信用前提下，农场主及家人会选择非农就业。农场主配偶（多为女性）考虑到照顾家庭的因素，更容易选择在农场工作。因此农场主兼业经营、配偶专业经营的农场也很多，占到农场总数的21%，但是受到照顾家庭以及经营能力的影响经营规模普遍偏低。

7.1.4 对我国粮食规模经营的启示

美国农场的发展以土地私有制为基础，实行规模化经营，其生产方式和生产力都位于世界前列。结合美国农场发展与我国实际国情，得到以下启示。

1. 农业生产规模的提高是市场竞争的结果，新型经营主体将成为未来保障我国粮食安全的重要力量

美国农场规模不断上升，且有超过一半以上的农业产出来自经营型和收益型的大型农场。资金实力雄厚、技术设备先进的大型农场更益于采用自动化的设计和操作、更精准的机器来提高农业生产效率，因此通过规模的扩大提高农业生产效率成为农场在市场竞争中有效生存的关键。

在我国，新型经营主体也将成为保障粮食安全的重要力量。截至2014年底，我国农村承包耕地流转面积达3.8亿亩，占承包耕地总面积的28.8%，相比2013年流转率增加2.8%。假定按照年均2.8%的增长速度计算，到2030年我国农村承包耕地流转率将达到59%。也就是说，未来我国约有一半以上的传统小农户要被新型经营主体所取代。在逐渐放开的市场经济竞争体系下，经营规模更大、商品化更高的新型经营主体相对于传统小农更具有产品和价格优势，将成为保障我国粮食安全的重要力量。

2. 农户收入水平达到当地就业收入水平，是衡量适度规模经营有效标准的充分不必要条件

美国农场家庭收入普遍高于全国家庭平均收入水平。2008年，美国农场家庭平均收入是全国家庭平均收入的1.17倍，到2013年，已经增长到1.63倍，基本保持在高于全国家庭平均收入30%的水平上。

农业部（2013）指出，规模适度、收入水平能与当地城镇居民相当是家庭农场的基本特征。钱克明（2014）以农户收入与城镇居民收入持平作为标准，计算出我国农场规模南方应为60亩，北方应为120亩。但是，根据农业部统计，2012年全国家庭农场平均收入为18.47万元，实际平均面积为200.2亩（农业部经管司，2013），已经远远超过了当地城镇居民平均收入水平的标准。因此，农户收入水平达到当地就业收入水平，是衡量适度规模经营有效标准的充分不必要条件，在实践发展过程中规模农户的发展目标远高于达到当地就业收入水平这个标准。

3. 根据农业经营主体的基本经营特征，因势利导提高农业政策指向性

美国农场经营者呈现老龄化，男性经营为主，兼业经营普遍且与农场规模负相关的特征。虽然美国农场老年经营者比例较高，但是许多是在非农就业退休后作为退休活动经营很小的农场。以老年人、女性经营为主的多为低于10 000美元销售值规模农场，农业产出较低，属于生活保障型家庭农场。而大于等于250 000美元销售值规模农场多由年轻的男性农场主专业经营，有着更多的技术辅助和更加精密化的经营管理，属于经营收益型家庭农场。在农业政策支持方面，生活保障型家庭农场更偏向于农业风险保障（Agriculture Risk Coverage，ARC），经营收益型家庭农场则偏向价格损失保障（Price Loss Coverage，PLC）。

同美国一样，我国也存在着相似的农业劳动力结构。一方面，我国传统农业从业人员呈现妇女化、老龄化、文化素质较低的特点。根据全国第二次农业普查，截至2006年底，我国女性劳动力已经高于男性劳动力，老年劳动力（50岁以上）也占到劳动力总数的36%，有94.2%的劳动力是初中文化程度以下。另一方面，在政府的鼓励下新型经营主体异军突起。借鉴美国2014年农业法案的改革方式，我国也应针对不同经营主体需求设计相应的农业支持政策。在不断加大对专业大户、家庭农场、农民合作社等新型农业经营主体的支持政策倾斜力度的同时，还要对占比很大的传统小农户提供社会化服务支持，保障政策的均衡性，避免短时间内出现资本势力下的"兼并"风潮，防止农民间贫富差距过大。

此外，政府还可以通过试验、示范、培训、指导以及咨询服务等，对现有的农业劳动力进行现代生产技术的普及，推进科研成果和实用技术的应用，为农业创业和就业营造良好的环境，为返乡种田的农民工、农业大学生、农村种田能手等提供政策支持，引导和鼓励他们成为新型农业经营主体，为农业经营者队伍补充新鲜血液。

4. 鼓励劳动密集型农产品生产模式，实现农业的可持续发展

农业可持续主要是以科技和知识化的活劳动投入为主，通过减少物质资源投入，实现生态、经济、社会效益协调发展的一种模式。美国发展机械化大规模农场的主要原因是农业劳动力稀缺。但是高成本、高耗油的大规模经营也伴随着高负担的政府财政补助和严重的环境污染问题。针对此现象，美国 2014 年农业法案提倡种植有机农产品，每年提供 1150 万美元用于有机成本支持，鼓励有机农场的发展。

与美国不同的是，我国拥有庞大的农业劳动力群体，如果按照每户经营 80 亩土地，那我国至少要将 3/4 以上的农业劳动力向二三产业转移。就目前的经济条件和就业状况来说，我国还不能在短期内实现这么多的非农就业。因此，发展生态、有机且劳动密集的农产品生产更符合市场需求和我国的现实国情。以美国新兴起的社区支持农业（CSA）为例，实行生态有机的生产模式，虽然产量难以匹敌化学生产，但是其实行高劳动力投入，无疑非常适合我国农业劳动力密集的特点。因此，政府应鼓励发展 CSA 农场的生产模式，发展生态有机的劳动密集型农产品，这对于我国向“高产、优质、高效、安全、生态”农产品发展，开拓我国高端农产品市场，实现出口创汇都有重要的意义。

7.2 法国粮食生产支持政策对我国的启示

法国粮食的生产和出口均居欧洲首位，被誉为“欧洲的粮仓”，以其较高的农产品生产和出口也成为世界农业大国之一。法国农业以中型家庭农场为代表，主要的粮食生产作物是小麦、玉米和大麦。以 2012 年为例，法国小麦产量 4 030 万吨，在国内农产品产量中排第一位；玉米产量 1 561.4 万吨，排第四位；大麦产量 1 134.7 万吨，排第五位。出口方面，2011 年法国小麦出口量仅次于美国位列世界第二，大麦出口量高于澳大利亚位列世界第一，出口对象主要以欧盟为主。

然而，法国农业并不是一帆风顺，其农业发展真正走在世界前列是从

战后才开始的。直到20世纪50年代法国农业还是非常落后的小农经济，甚至连粮食等很多农业原料都不能自给，完全属于经济发达行列中农业落后的国家。但是自"二战"结束后，法国政府通过大力推行机械化、规模化等政策，仅用20多年时间就实现了从传统小农经济到现代农业的历史跨越。法国农业的快速发展，尤其是粮食生产的发展与其农业支持政策有着重要的联系。因此，本书通过对法国的一系列粮食生产支持政策进行研究，分析法国成功的经验，为我国实现粮食适度规模经营、保障粮食安全提供一定的思路。

7.2.1 法国不同阶段的粮食生产支持政策及措施

"二战"以后，根据法国粮食生产状况和政策目标分为以下5个阶段：1950~1960年，法国粮食短缺，主要目标是提高农业总产量；1961~1970年，主要是调整农业产业结构、推进技术进步，通过这一阶段的发展，法国粮食已经完全达到自给自足；1971~1980年，农产品在满足国内消费需求后开始大量出口，这一阶段的主要政策目标是提高农场主收入；1981~1990年，法国农业生产重心转移到保障农产品质量方面；1991年至今，法国开始走可持续发展道路，强调农村环境保护和食品安全。

法国采取的农业政策具体包括五个方面。

1. 发展农业机械化

"二战"后初期，受第三次科技革命的影响，法国的技术进步发展迅速，其中最惊人的是机械化的发展。为了增加作物产量、节省劳动力和提高经济效益，法国将农业机械化作为优先项目列入1947年的经济发展规划中，设立专门的部门机构——农业机械指导委员会，并于1970年完全实现了机械化。法国发展农业机械化分别采取以下政策措施：

（1）实行农业机械及配件购置补贴。政府为推广农业机械的使用，对农场主购买的农业机械及配件给予20%~30%的补贴，并为农场提供25%的乡村道路建设补贴。

（2）对农机合作社进行鼓励和支持。以法国农业机械合作社的代表

“居马”（CUMA）为例，在“居马”成立初期，国家会给予占初期投资15%～50%的补贴，在发展过程中还可获得20%～40%的新机具购置补助。“居马”的设备购买和运行费用较高，在资金来源方面也得到了农业银行的贷款支持。据统计，截至20世纪末，法国“居马”的数目达到1万多个，合作社内部农户的土地规模大概分布在300～500公顷，与非社员相比机械费用低40%。

（3）推动农业机械制造业的发展。法国专门成立了农机科学研究中心，研制和推广小麦等粮食作物种植及收获机械，包括拖拉机、耕地机、播种机、除草机、机动喷雾机、联合收割机、脱粒机、烘干机等全套设备，实现了从耕地、整地、播种、施肥、喷洒农药，再到收获等一系列程序的机械化操作。

2. 促进土地集中

战后初期，法国还是基本保持着小农经营的状态，以小农场为主体的生产方式普遍存在经营规模小、基础设施简陋、抗自然风险和市场风险能力差的问题，使农场主在市场竞争中处于不利地位，农业收入极低。针对这种状况，政府采取了以下几种措施：

（1）鼓励农场主合作经营。建立“农业共同经营集团”（GAEC），它是一种农业家庭合作组织，规定农场只能由农场主的配偶或符合经营农场资格的一个子女等具有血缘关系的成员继承，目标是防止耕地过于分散。这些政策有效地控制了农场面积的进一步分割，甚至促进了分散、狭小土地的集中，农场数目大大减少，单个农场规模逐渐增加。

（2）对耕地进行整合出售。法国1960年颁布了《农业指导法》，创建了农业经济委员会和农业生产者集团，设立了“土地整治与农村安置公司”，将小农由于无法耕种而被迫放弃的土地整合出售给大农场。两年后法国继续出台《农业指导补充法》，建立“调整农业结构社会行动基金”，给予农业经营者组合以优惠贷款和一定数量的无偿补贴。

（3）提供信贷支持。为促进小块土地的集中和农场规模的扩大，法国政府还为购买土地的农场主提供低息贷款，鼓励建立或组合成为适度规模的中型家庭农场。在政府的参与和引导下，法国土地集中的速度大大加快，农场经营规模逐渐扩大。

3. 增加农场主收入

随着机械化的推进以及生产技术的进步，法国农产品产量大大提高，由最初的短缺逐渐发展到过剩。但是，农产品价格的增长速度低于国民收入增长速度，这使农场主收入增长缓慢。为此，法国政府在20世纪70年代前后的主要政策目标是提高农场主收入。

（1）以干预价格、目标价格和门槛价格为基础的价格政策。干预价格确保在粮食市场价格下跌时保证农场主的收益，是以法国最大的粮食产区奥尔姆的粮食生产成本为依据决定的价格标准。当粮食市场价格低于干预价格时，农产品干预中心按干预价格购买农场主的粮食；或者农场主在市场上出售粮食，农产品干预中心再将市场价格与干预价格间的差额补贴给农场主，这样在粮食价格下跌时也可以为农场主提供一个最低收入保障，保证农场主收入的稳定性。目标价格用于平抑粮食价格，保证一定的基准价位。门槛价格主要是保护国内的农产品市场，当进口粮食的价格低于门槛价格时要征收差额关税，保证本国农产品不受国外低价市场的冲击。这些价格政策遵循1962年的欧盟共同农业政策，并能够直接、迅速保护粮食市场，大大刺激了粮农的种植热情。

（2）农工商一体化的粮食流通政策。1967年法国在《合作社调整法》中提出可以将合作社与农村的工商活动联合起来解决农产品产销问题，对流通领域的农业合作社提供政策支持，鼓励其发展壮大。法国流通领域的合作社主要表现在产前、产中对农业生产资料的提供，和产后对农产品的收购、进一步的加工、储藏以及销售。最终通过降低农场主投入成本，提高农产品销售价格，使农场主收入增加。流通合作社的发展规模较大、信誉好、粮食品种齐全，得到了农场主和加工企业的青睐，使农场主获得优惠价格、带来便利，并有效化解市场风险。因此形成了农场主—农业合作社—加工企业—消费者的粮食流通模式，全国通过合作社销售产品量占总销售量的70%。

4. 保障农产品质量安全

法国对农产品质量安全的监督和管理主要体现在立法和农产品标志认

证上。20 世纪 60 年代，欧洲共同市场建立，法国作为欧盟主要生产国，在严格遵守欧盟食品质量安全规章条例的基础上确立食品安全法律法规。1993 年将消费权益法编入消费法典，即《法国消费法典》其中对产品的质量与出售标准有了严格规定。法国农产品质量方面有专门的认证机构来进行考察确认，目前代表优良农产品的认证标志主要有：红色标签、产地源命名、生态产品标志、地理保护标志等。

法国还采取农业生产专业化的手段保证农产品质量安全。政府通过补贴、信贷以及技术支持等手段，促进农业生产专业化程度的提高，使农业商品率大大提升。法国按照自然条件和技术要求形成专业化农产品产区布局，按照经营内容划分为不同类型的专业化农产品农场，按照生产环节发展专门的机械作业服务，大大提升了农业生产的标准化水平，农产品质量安全得到进一步保障。

5. 农村环境保护和实现农业可持续发展

随着机械化和规模经营的推进，法国农业出现了耕地肥力下降、河流污染、生物多样性发生改变、生态环境恶化等问题。随着欧盟共同农业政策（CAP）对环境保护的明确提出，法国确立了农业可持续、保护环境的生产方式，并着手实现由传统农业向生态农业转换。首先，法国在 1992 年制定了土地休耕制度，解决土壤肥力下降的问题。1997 年，又颁布了《全国生态农业规划》。1999 年，法国政府更新了《农业指导法》，确定通过发展“多功能农业”实现经济、社会和环保协调可持续发展的新目标，并提出加强生态农业转换补助的计划。政府通过签订合同与农场主达成契约，对能够按合约采取环境保护行动措施的农场主每年给予 5 万法郎的补贴。2003 年成立了“可持续发展部门委员会”。2005 年，法国通过《环境宪章》，并将其编入宪法，确定环境保护的重要性和权威性。同期，制定出硝酸盐指令、废水处理指令、灌溉标准、作物轮作标准等法令法规指导化肥、农药、农业用水的使用以及作物种植标准，实现水土保持。

此外，法国还通过全国和地区性农业信贷银行为农场主提供金融支持。通过《农业保险法》对小麦、玉米、大麦等主要农作物实行强制性保险，对农业保险部门也都实行免征财产和收入方面所有赋税的政策。当农业因遭受自然灾害造成损失而影响农场主收益时，法国政府总是给农场主提供适当的补助，如1976年政府拿出45亿法郎用于灾害补助金，使农场主的收入不仅没有减少，反而增加了3.35%。

7.2.2 对我国粮食规模经营的启示

1. 积极推进粮食机械化生产

2010年我国农作物单位播种面积农机总动力为5.8千瓦/公顷，仅为发达国家的1/3。此外，小麦、水稻、玉米等大田作物的耕作和收获时间集中，在我国目前农业劳动力以农村留守老人、妇女为主的情况下经常会出现无法抢种抢收的现象。粮食机械化能够减轻劳动强度，仅需一些简单的田间管理，在我国目前农业劳动力结构不佳的状况下尤为必要。因此，我国应向法国学习，根据不同地域、不同自然和技术条件针对关键环节提高机械化水平，例如，推广小麦施肥播种机、水稻生产工厂化集中育秧、发展半人力式水稻插秧、推广水稻联合收割机械，实现玉米收割机械化等。对更多的符合条件的购买农机及配件的农户个人或者组织给予一定的补贴和贷款优惠，对农业机械用燃油进行补贴等。此外，在推进农业机械化的过程中也要规范农机具市场，严防不合格产品进入市场，保障农民权益。

2. 建立合理的土地流转机制

小规模兼业经营普遍是当前制约我国粮食生产力进一步提高的重要因素。在土地流转方面，我国可以借鉴法国的经验采取多种措施鼓励土地的集中。例如，可以引导组建"土地整治公司"，将小块分散的土地重新整合成规模农田，出租给有经营意愿和能力的种植大户。同时，要加快培育和发展新型粮食生产经营主体，通过设立耕地流转补助资金，引导分散经营的耕地向种粮大户和家庭农场流转，鼓励土地适当的集中和联合经营，特别是家族成员之间的联合经营，推进粮食生产的专业化和规模化。

3. 完善粮食购销体系

粮食最低收购价可以保护农民种粮利益，保障国家粮食储备。中国储备粮管理总公司是我国粮食托市收购政策的执行主体，但在收获季节是农民出售粮食的高峰期，而这时中储粮往往出现人力不足、时间滞后、运输、存储等问题，大部分农民还是选择按市场价格将粮食出售给直接上门收购的小商贩，农民的种粮利益无法得到有效保护。农业合作社是可以将分散小户凝聚成强大力量，在推动农民走向市场经济的过程中有效保护农民利益。借鉴法国将农业合作社作为粮食流通体系主体的成功经验，我国应发展一批粮食收购合作社。一方面，减少农户的交易成本，保护农民的利益；另一方面，可与粮食加工企业、消费者等直接对接，形成互赢局面。

4. 加大对粮食作物保险的财政支持

农业具有受自然风险影响大的特点。近年来洪涝、干旱、冰雹、寒潮及病虫害等自然灾害频发，使粮食等重要大田农作物的生产遭受巨大影响。如2014年夏季的旱情使产粮大省河南的秋粮受旱面积达2 706万亩，占总播种面积的一半以上，其中重旱712万亩，严重影响玉米产量。而且当年河南省农户的参保率仅为20%左右①，农民收成锐减，粮食生产积极性受到打击。我国目前实施的农业保险制度的实际效果并不理想，大灾害发生率低、保额低、赔付标准不符合实际、操作程序繁杂等，都严重影响农户的投保积极性，也使得政府对农业保险补贴资金的投入基本上都成为保险公司的重要收益。因此，借鉴法国对粮食作物实行强制性保险的成功经验，我国政府可对粮食作物实行保险全覆盖，对参保农户实行免保费的制度，并提高补助标准，为农民因遭受自然灾害造成的损失提供适当的补偿。

5. 加强农业科学技术的研究与推广

经过近些年来的发展，虽然我国农业科技取得了明显进步，超级稻研

---

① 资料来源：河南统计网。

究与新品种选育、农作物原生质体培养技术、转基因抗虫棉等技术研究也都处于国际先进行列。但是我国也面临着农业科技转化率低，农业科技资源配置失衡，在实际操作过程中普遍出现科、教、研及农业技术应用等系统间协调困难，农业技术开发研究与农业技术应用分离的现象。为此我国应均衡农业科研投资，加大对农村基层科研投入。同时，政府可以通过试验、示范、培训、指导以及咨询服务等，对现有农业劳动力进行现代生产技术知识的普及，实现科研成果的推广应用和实用技术的发展。

6. 走农业可持续发展的道路

我国的农业发展水平和政策支持水平与法国相比依然存在很大的差距，尤其是在环境保护方面。随着社会经济长期高速的发展，我国的生态环境和资源状况已经岌岌可危，环境质量急速下降，尤其是农业方面已经出现了水源和土壤污染带来的食物安全问题。我国在环境保护方面的投入力度还比较弱，因此，借鉴法国通过立法和设立专门治理机构来推进环境保护的经验，我国也应该加强环境保护法律法规和组织部门建设，强化农村环境保护意识。具体措施包括：出台土壤污染防治条例、农村环境保护条例，对化肥、农药、灌溉用水进行安全使用标准设置；实行严格监督管理，加强相关环境部门执法力量建设，加强执法设备投资。同时也可以结合农业机械化和适度规模经营探寻有利于生态环境保护和农业可持续发展的新技术、新模式，实现生态、经济、社会效益的共同进步。

7. 集约型发展保障农产品质量安全

我国人均耕地面积仅为国际水平的1/3，耕地的细碎化和农业的分散经营使得农业经营粗放化，严重制约着农业现代化的推进以及农产品质量的提高。此外，近年来“镉大米”“毒生姜”等问题频频发生，给种植业部门也带来反思。在我国耕地面积有限的情况下，要按照高产、优质、高效、生态、安全的要求实现高土地产出率、劳动生产率、资源利用率的农业现代化，还需要进行土地集约经营。土地集约经营可以通过基础设施建设、良种良法配套、测土配方施肥等农业科技进步的带动来实现。在此基础上，建立安全追溯体系，实现农产品的标准化、品牌化生产。通过加大对农田的基础设施投入，达到提高、监督、稳定农产品质量的要求。

7.3 本章小结

本章以美国和法国为例，对美国农场的发展规模、结构特点及农场收入等问题进行分析，对法国粮食生产阶段及相应的支持政策进行分析，为我国新型农业经营主体的发展和政策引导提供经验与借鉴。

美国农场作为农业经营主体的主要力量，近年来呈现出整体规模上升的趋势，家庭收入也普遍高于全国平均水平。但是，美国也出现了农场经营者老龄化、农场收入比重较低等问题。通过对美国农场发展的现状和基本特点进行归纳研究，结合我国农业发展实情得出以下启示：随着农业生产规模化水平的提高，未来新型农业经营主体将成为我国粮食安全保障的重要力量，农户收入也将会超过当地平均收入水平，此外，我国应注重培养新一代农业接班人，发展劳动密集型有机农产品。同时，对 20 世纪 50 年代以来法国粮食安全政策的分析，总结出法国发展农业机械化、促进土地集中、增加农民收入、提高农产品质量和实现农业可持续发展的五个政策阶段。根据各阶段农业发展情况分析法国所采取的农机具补贴、农业共同经营集团、设立价格干预、规定农产品认证标志、制定全国生态农业规划等政策。最后借鉴法国经验，结合我国实情提出推进粮食机械化生产、建立合理的土地流转机制、完善粮食购销体系、加大对粮食作物保险的财政支持、加强农业科学技术的研究与推广，走农业可持续发展的道路的启示。

第8章

结论与建议

8.1 主要结论

本书首先对全国粮食经营规模的演变、粮食生产结构的变化及新型经营主体的发展进行分析，最后以黄淮海地区的河南、山东、河北省为例，探讨小麦—玉米种植农户经营规模的影响因素及生产效率，并得出相应的适度规模。本书得出如下主要结论：

8.1.1 粮食适度规模经营是我国农业发展的必然趋势

农业增产、农民增收以及实现农业现代化生产方式转变的政策目标决定了我们必须走粮食适度规模经营的道路。首先，传统小农户已经给粮食生产带来了相当不利的影响。长期以来我国面积过小的户均耕地规模以及农地细碎化问题，导致农户不愿意对农田基础设施进行投入，直接影响到农业先进科技的推广以及农业机械使用效率的提高，同时也制约着粮食生产效率。其次，我国已经具备了发展适度规模经营的条件。农业劳动力向第二、第三产业大量转移，为实现粮食生产规模经营提供了条件。农业生产机械化水平提高，意味着我国农业生产开始向劳动节约型方向转变，农业生产将更多地依赖机械动力，发展粮食生产适度规模经营成为必然趋势。最后，我国农村土地流转市场逐渐放开、耕地可得性得到提高，这也为种粮农户进一步扩大生产规模提供了重要条件。经济发展水平的提高、当地农民收入的增加以及农业政策的扶持，都为农业适度规模经营创造了有利条件，使农户通过自身的逐步积累实现向现代农业的规模化经营目标迈进成为可能。

8.1.2 粮食适度规模经营应以家庭经营为主的家庭农场和专业大户为主力

伴随传统小农户向非农化和兼业化转变，农业适度规模经营已经成为解决粮食增产和增收难题的新突破。农业生产的特点要求粮食适度规模经营者既具有现代农业经营管理知识，又需要有丰富的实际农业生产经验，还需要有一定的创新和冒险精神。但在目前的农业生产中农户多为兼业经营，仅靠家庭中的老弱病残者去经营农业，而年轻和素质较高者都去第二、第三产业发展，无法满足现代农业的长远发展目标。促进我国农业生产的发展是实行家庭承包经营的初衷，以家庭为生产单位，目的是调动农户的种粮积极性，保证较高的粮食生产效率。因此，得出以家庭经营为主的家庭农场和种粮大户是适合粮食适度规模经营发展的主要经营主体。国家应着重培养以家庭经营为主的专业生产大户，为返乡种田的农民工、农业大学生、农村种田能手等提供政策支持，通过试验、示范、培训、指导以及咨询服务等，对大户进行现代生产技术的普及，推进科研成果和实用技术的应用，培育高素质的粮食适度规模经营主体。

8.1.3 黄淮海地区小麦—玉米轮作农户的经营规模与种地收入、单位面积产量显著正相关

主要利用调研数据，采用 Pearson 相关性检验以及冗余分析（双标图）对影响粮食经营规模的因素进行相关性研究。研究得出：耕地面积是影响种地收入的主要因素；农户家庭总收入和外出务工收入可以为农业提供更多的资本用于扩大种植规模；单位面积产量对种地收入有显著性影响；影响小麦和玉米单位面积产量的主要因素是化肥费用和机械费用；经营者年

龄与经营规模、农业收入、小麦—玉米总产量有显著的负相关性，即农业生产者越年轻，农业经营规模可能越大，农业收入也就越高。

8.1.4 通过对农户调研访谈和计量实证研究，黄淮海地区粮食主产省小麦—玉米适度经营规模为27.6~50亩、50~150亩和560~720亩

不同地区、不同农作物品种分别对应着不同的适度经营规模。本书对黄淮海地区的河南、山东、河北三省运用SBM模型科学计量测算得出，在当地的经济社会和自然资源条件下，农户小麦—玉米最佳种植规模为0~2.1亩、27.6~50亩、50~150亩和560~720亩。根据收入最大化以及机械使用效率（如统防统治一般要求最低在400亩以上的整片耕地面积进行），耕种规模在500亩左右能够充分实现机械利用效率的提高。通过对样本农户的实地考察研究发现，实证分析结果与农户的经验认识以及实际种植情况比较接近，符合当地农业生产规律。最后结合粮食经营主体的发展特点及实证分析结果得出，我国应鼓励和支持27.6~50亩经营逻辑接近只耕种自家承包地的个体农户（以中农为主），50~150亩适用于以家庭劳动力为主的较大规模经营农户（家庭农场、种粮大户），560~720亩适用于以通过新品种、新技术的采用以及提高农机利用率获得收益的大规模农户（种粮大户等）。

8.1.5 开展粮食适度规模经营，稳定粮食生产是保障粮食安全的根本

粮食适度规模经营中耕地流转的短期性和新型经营主体生产的不稳定性成为影响粮食生产持续发展的新问题。土地对于农户来说，不仅是收入来源的一部分，更是农户的生活保障和社会保障。除此之外，不断上涨的地租以及与承包地面积挂钩的农业补贴政策的实施，也让农户越来越重视土地的财产功能。在土地流转过程中农户多不愿意进行长期的土地流转，且不愿意耕地形态发生任何改变。新型农业经营主体以获取经济利润为主

要目标，对粮食市场价格变动较为敏感，生产成本、产品价格等微小变动都可能导致其生产经营行为发生变化。例如，2015 年玉米价格大幅下降，有近一半的大户表示将改变种植结构，拿出一部分土地种植大豆，以分摊市场风险。还有一些大户由于经营管理不善，在未到土地流转合同期限的情况下直接“跑路”，而小农户也不愿意收回耕地，给政府工作以及农业的及时生产带来一系列隐患。因此，如何实现粮食适度规模经营的稳定性是保障粮食安全的根本。

8.2 政策建议

8.2.1 加强对家庭农场以及种粮大户的规范培养，发挥适度规模经营主体的示范作用

重点培育以家庭经营为主，以农业收入为家庭主要收入来源，农业生产主要依靠家庭劳动力，采用专业化、集约化生产方式的家庭农场和种粮大户，并使之成为发展粮食适度规模经营和现代农业的有生力量。针对不同地区不同农户的资源禀赋条件，鼓励粮食经营主体依据自身的资金、管理能力、仓储场地以及当地的农机、技术和经济条件，合理控制生产经营规模。例如，黄淮海地区小麦—玉米轮作应鼓励 27.6 ~ 50 亩的个体农户(中农)、50 ~ 150 亩的较大规模经营农户（家庭农场、种粮大户）和 560 ~ 720 亩的大规模农户（种粮大户等)。对于个别面积过大、管理不够、资金不足、技术和机械服务跟不上的粮食生产大户，应引导其采取转包的方式将一部分面积转出，使自己的耕种规模与经营能力相适应。

在财政扶持、支农项目资金支持、农村信贷支持、工商优惠注册登记等方面给予家庭农场和种粮大户适当倾斜。对家庭农场进行评优，对优秀家庭农场给予财政补贴和贷款信用担保扶持及资金上的奖励，并提供农业科技人员的定向帮扶，加强示范引导。充分发挥适度规模经营农户在现代物质要素投入使用、先进耕作制度、经营管理等方面的示范作用，带动其他农户农业生产效率的不断提高。

8.2.2 完善农村土地流转机制，实现粮食适度规模经营的稳定性

完善农村土地流转交易平台和服务体系。政府部门应对农村的土地承包、流转情况进行全面统计，建立农村土地流转信息平台，实现土地流转信息的网络化管理和信息的公开、透明化，节约土地流转的交易成本。结合当地农村劳动力就业情况，与农户进行协商，把愿意流转的土地与不愿意流转的土地对换调整，实现规模经营土地的大片集中。合理评价农村土地价值，确保农户土地流转的收益。鼓励土地向本地具有种粮经验的农户和资金实力强、生产技术先进的中青年经营者集中，确保土地的粮食生产用途不变，建立长期、合理、稳定的流转关系。

对耕地流转面积达到一定规模且管理规范的粮食生产主体以及积极参与耕地流转的集体经济组织，政府可给予相应的资金奖励和项目扶持。从就业引导以及流转补助等多方面对转出土地的小农户进行扶持和补贴，保障其生活水平和土地收益，最终实现粮食适度规模经营的长期稳定性。

8.2.3 统一进行农田基础设施建设，为粮食适度规模经营创造优越的基础条件

在土地承包制度不断完善的前提下，由政府牵头改造中低产田、建设高标准粮田，提高耕地质量，增加有效耕地面积。在农业生产基础设施建设方面，重视发展节水灌溉、土壤有机质提升等项目，使水利灌溉以及土壤条件得到有效改善，提高农业抗灾能力。设立农田设施管护相关办法和激励机制，确保农田设施长期发挥效益。

鼓励各地政府集中力量整合资金建设连片高标准农田，并优先向家庭农场、专业大户等粮食适度规模经营主体流转。鼓励粮食经营主体参与到高标准农田以及农业综合项目建设中，引导大户参与到新建或扩建晒场和仓储等基础设施建设、增加大型农机具等固定资产投入，以及路、田、水、渠、林等农田生产条件改造中，调动各利益方投身粮食生产，实现集

中投资、综合改造、产权明晰、共同受益的目标。

8.2.4 建立和完善社会化服务体系，实现粮食适度规模经营的专业化、高标准生产

继续建立和完善农业社会化服务体系，发挥合作社在规模、信息、技术和市场等方面的优势，尽可能多地吸纳新型经营主体和小农户参加，为粮食生产的产前农资供应、产中的机械化服务和科学化管理以及产后的加工销售提供专业化服务，实现粮食全产业链标准化生产。支持农业机械、植保防治等专业化服务型合作社及相关组织的建立和发展。

发挥政府在农业科技推广、农产品信息发布等方面的服务职能。完善农业产业化龙头企业与农户的利益联结机制，通过大力发展订单农业，实现在土地承包权不变的情况下农业龙头企业与农户签订服务合同，结成利益共同体，增强龙头企业的辐射带动能力。通过粮食生产的优质化、安全化和农业产业化，促进粮食产业持续发展，实现农业增长方式和管理方式的根本转变，构建现代农业产业体系。

8.2.5 以市场为导向，实现粮食适度规模经营的可持续发展

以市场需求为导向，合理配置资源，有针对性地鼓励和支持参与市场化程度高的新型农业经营主体。发展优质化、专用化的农产品，实现农产品品种、品质结构与市场的实际消费需求相一致，满足城乡居民对安全、营养、健康、优质农产品的巨大需求，增强农产品的市场竞争力。

一是加快高产优质品种的引进、示范和应用。引进先进农业生产设施，鼓励标准化生产，使粮食生产向效率更高的精准农业发展。二是发展绿色农业。因地制宜推广合理轮作，支持和推广节水灌溉、绿肥种植、生物农药以及秸秆还田等高效、节约、绿色的生产技术。同时，建立生态补偿机制，加强对耕地保护等行为的经济补贴。三是加强农业科技推广应用。大力推广先进适用技术，进一步发挥科技增产潜力，对粮食适度规模经营主体进行科技培训，构建现代农业产业体系，依靠科技形成经济、社

会和生态效益统一发展的现代高效农业。最终在价廉物美农产品的保障下，实现粮食产业的可持续发展。

8.2.6 加快探索建立现代农村金融制度，满足新型主体发展的投资需求

农业适度规模经营的投入大、风险高，仅靠农业生产自身很难实现资本积累，而且农户自己的经济实力也很难对农业进行持续投资。同时由于家庭农场、种粮大户等新型农业经营主体本身缺少能够用于向金融机构贷款抵押的固定资产，金融机构出于对投资风险的考虑一般都不愿意对这类主体提供贷款。针对大户融资难的问题，各级政府应积极联合金融机构，创新大户融资模式，探索将经营主体的土地承包经营权、农村宅基地等作为抵押物的新途径，也可以鼓励和引导大户成立资金互助合作社，推进新型农村合作金融试点的发展。

加大对新型农业经营主体的财政金融支持力度，重点改善大户的信贷融资环境，增设种粮大户专项贷款基金。简化农业贷款手续流程，建立新型农业经营主体的担保、抵押、还款等信用体系。优化农村金融生态环境，对农村金融机构实施税收优惠和利率补贴政策，建立合理的农贷资金补偿机制，改善农村金融信用创造能力，确保农业投资的持续性和有效性。

8.3 研究不足与讨论

对于粮食经营主体的适度规模研究是一项工程浩大而系统的工作，研究涉及家庭农场、种粮大户、农民专业合作社、农业企业以及传统小户五类生产主体。经营主体的差异性大、标准难以统一。综合看来本书主要存在以下不足：

一是在评价指标上，缺少从农户收入角度研究粮食适度规模，对影响农户粮食经营规模的微观因素方面还需分析得更细致。由于规模户和传统

小户的资本投入及规模收益的统计标准难以统一，农户收入方面数据不够精确。本书主要采取的是量化的投入产出数据，从粮食产量最大化视角探寻适度规模，并在此基础上出台政策给予符合标准的农户相应的补贴和支持，以保证较高的粮食生产效率。缺乏在农户收入方面作进一步的分析，因此在粮食适度规模与农户收入的变化规律方面还有待进一步研究。

二是在研究内容上，受到调查能力和经费的限制，对新型农业经营主体的实证研究还不够充分，对家庭农场等同一经营主体不同规模的效率状况尚未涉及。家庭农场、种粮大户、农民专业合作社以及农业企业代表着不同生产技术水平，因此考虑到技术、资金实力和经营者能力的差异性，还应对不同经营主体的适度规模进行更深入的研究。

三是在研究深度上，因笔者能力有限，在农业适度规模经营对粮食产业可持续发展方面还缺乏深入研究。农产品的市场竞争力决定了粮食产业的稳定和持续，也意味着未来粮食生产应朝着物美、价廉、可持续”的方向发展，因此，适度规模经营对粮食产业可持续发展的作用和影响还需进行更深入的探索。此外，适度规模经营是一个复杂问题，涉及范围非常广，并且随着时间的推移其包含的内容也不断更新变化。例如，本书主要关注了粮食生产经营主体，对于社会化服务、组织形式方面还可以进行更深入的研究。

因此，今后在本领域还需要更为深入的分析，无论是从收入还是粮食生产可持续发展方面都有待系统研究。可以预见的是，在新型农业经营主体的发展背景下，粮食生产方式必将发生重大改变，新型农业经营主体的发展对粮食安全的影响、适度规模经营与粮食产业可持续发展将是今后笔者研究的重点内容和拟解决的关键难点。

参考文献

[1] [美] 阿兰·斯密德：《制度与行为经济学》（刘璨、吴水荣译），中国人民大学出版社2004年版。

[2] [美] 阿瑟·刘易斯：《二元经济论》，北京经济学院出版社1998年版。

[3] [美] 阿瑟·刘易斯：《增长与波动》，华夏出版社1987年版。

[4] 蔡宝成、黎德富等：《农业规模经营：现状、问题及对策——四川省南充市的实证分析》，载于《农村经济》2009年第6期。

[5] 曹东勃：《适度规模：趋向一种稳态成长的农业模式》，载于《中国农村观察》2013年第2期。

[6] 陈春生：《中国农户的演化逻辑与分类》，载于《农业经济问题》2007年第11期。

[7] 陈飞、范庆泉、高铁梅：《农业政策、粮食产量与粮食生产调整能力》，载于《经济研究》2010年第11期。

[8] 陈锡文：《把握农村经济结构、农业经营形式和农村社会形态变迁的脉搏》，载于《开放时代》2012年第3期。

[9] 陈秧分、刘彦随、翟荣新：《基于农户调查的东部沿海地区农地规模经营意愿及其影响因素分析》，载于《资源科学》2009年第7期。

[10] 陈义媛：《资本主义式家庭农场的兴起与农业经营主体分化的再思考——以水稻生产为例》，载于《开放时代》2013年第4期。

[11] 程杰、武拉平：《粮食综合性收入补贴政策的研究评述及分析》，载于《高校社科动态》2008年第6期。

[12] 邓大才：《粮食安全的模型、类型与选择》，载于《华中师范大学学报》（人文社会科学版）2012年第1期。

[13] 邓衡山、王文烂:《合作社的本质规定与现实检视——中国到底有没有真正的农民合作社》,载于《中国农村经济》2014 年第 7 期。

[14] 杜华章:《江苏省县域农业竞争力聚类分析》,载于《重庆与世界》2010 年第 12 期。

[15] 范红忠、周启良:《农户土地种植面积与土地生产率的关系——基于中西部七县(市)农户的调查数据》,载于《中国人口·资源与环境》2014 年第 12 期。

[16] 方松海、王为农:《成本快速上升背景下的农业补贴政策研究》,载于《管理世界》2009 年第 9 期。

[17] 冯敏、傅文书、李亚群:《农地规模经营效益综合评价研究——以长沙市为例》,载于《安徽农业科学》2012 年第 30 期。

[18] 高强、刘同山、孔祥智:《家庭农场的制度解析:特征、发生机制与效应》,载于《经济学家》2013 年第 6 期。

[19] 郭淑敏、马帅、陈印军:《我国粮食主产区粮食生产影响因素研究》,载于《农业现代化研究》2007 年第 1 期。

[20] 韩喜平:《实现适度规模经营的路径选择》,载于《税务与经济》2009 年第 2 期。

[21] 何秀荣:《公司农场:中国农业微观组织的未来选择》,载于《中国农村经济》2009 年第 11 期。

[22] 贺亚琴、冯中朝:《规模经济与农业适度规模经营——基于我国油菜生产的实证研究》,载于《农村经济与科技》2012 年第 6 期。

[23] 黄国勤、刘秀英:《江西生态农业分类研究》,载于《江西农业学报》2007 年第 1 期。

[24] 黄新建、姜睿清、付传明:《以家庭农场为主体的土地适度规模经营研究》,载于《求实》2013 年第 6 期。

[25] 黄延廷:《农户兼业化对农地规模经营的制约机理分析》,载于《农村经济》2012 年第 1 期。

[26] 黄宗智:《小农户与大商业资本的不平等交易:中国现代农业的特色》,载于《开放时代》2012 年第 3 期。

[27] 黄祖辉、陈欣欣:《农户粮田规模经营效率:实证分析与若干结

论》，载于《农业经济问题》1998 年第 11 期。

[28] 黄祖辉、俞宁：《新型农业经营主体：现状、约束与发展思路——以浙江省为例的分析》，载于《中国农村经济》2010 年第 10 期。

[29] [美] 基思·格里芬：《可供选择的经济发展战略》，经济科学出版社 1992 年版。

[30] 蒋和平：《农业适度规模经营多种形式实现路径探讨》，载于《农村工作通讯》2013 年第 3 期。

[31] 亢霞、刘秀梅：《我国粮食生产的技术效率分析》，载于《中国农村观察》2005 年第 4 期。

[32] 柯炳生：《对推进我国基本实现农业现代化的几点认识》，载于《中国农村经济》2000 年第 9 期。

[33] 孔祥智：《新型农业经营主体的地位和顶层设计》，载于《改革》2014 年第 243 期。

[34] 李登旺、王颖：《土地托管：农民专业合作社的经营方式创新及动因分析——以山东省嘉祥县为例》，载于《农村经济》2013 年第 8 期。

[35] 李红、苏杰忱：《关于农业家庭经营与规模经营问题的研究》，载于《农业经济》2000 年第 1 期。

[36] 李庆、林光华、何军：《农民兼业化与农业生产要素投入的相关性研究——于农村固定观察点农户数据的分析》，载于《南京农业大学学报》2013 年第 3 期。

[37] 李瑞琴：《耕地可得性、规模经营与农户大田种植收入》，载于《宏观经济研究》2015 年第 1 期。

[38] 李先德：《法国农业公共支持》，载于《世界农业》2003 年第 12 期。

[39] 李晓明、尹梦丽：《现阶段主产区种粮大户经营状况与发展对策——基于安徽省种粮大户的调查分析》，载于《农业经济问题》2008 年第 10 期。

[40] 李业荣：《我国 31 个省区农业综合实力聚类分析》，载于《经济师》2010 年第 2 期。

［41］李应春、翁鸣：《日本农业政策调整及其原因分析》，载于《农业经济问题》2006 年第 8 期。

［42］廖西元、申红芳、王志刚：《中国特色农业规模经营“三步走”战略——从“生产环节流转”到“经营权流转”再到“承包权流转”》，载于《农业经济问题》2011 年第 12 期。

［43］林善浪：《农村土地规模经营的效率评价》，载于《当代经济研究》2000 年第 2 期。

［44］林善浪：《农户土地规模经营的意愿和行为特征——基于福建省和江西省 224 个农户问卷调查的分析》，载于《福建师范大学学报》（哲学社会科学版）2005 年第 3 期。

［45］林善浪、张作雄、林玉妹：《家庭生命周期对农户土地规模经营的影响分析——基于福建农村的调查数据》，载于《财贸研究》2011 年第 4 期。

［46］刘凤芹：《农地规模的效率界定》，载于《财经问题研究》2011 年第 7 期。

［47］刘凤芹：《农业土地规模经营的条件与效果研究：以东北农村为例》，载于《管理世界》2006 年第 9 期。

［48］刘琦：《农村人口生产偏好转变下的土地规模经营》，载于《农村经济》2012 年第 9 期。

［49］刘旭：《新时期我国粮食安全战略研究的思考》，载于《中国农业科技导报》2013 年第 1 期。

［50］刘旭：《依靠科技自主创新提升国家粮食安全保障能力》，载于《科学与社会》2011 年第 3 期。

［51］刘旭：《中国作物栽培历史的阶段划分和传统农业形成与发展》，载于《中国农史》2012 年第 2 期。

［52］刘旭、王济民、王秀东：《粮食作物产业的可持续发展战略研究》，载于《中国工程科学》2016 年第 1 期。

［53］刘旭、王秀东：《完善投入体制和机制推进农业科技自主创新能力建设》，载于《农业经济问题》2007 年第 3 期。

［54］刘旭、王秀东、陈孝：《我国粮食安全框架下种质资源价值评估

探析——以改革开放以来小麦种质资源利用为例》，载于《农业经济问题》2008年第12期。

[55] 刘玉、高秉博、潘瑜春、任旭红：《基于LMDI模型的黄淮海地区县域粮食生产影响因素分解》，载于《农业工程学报》2013年第21期。

[56] 刘兆军：《土地适度规模经营政策探析》，载于《农村经营管理》2009年第9期。

[57] 楼栋、孔祥智：《新型农业经营主体的多维发展形式和现实观照》，载于《改革》2013年第2期。

[58] 吕琳、曹俊杰：《山东省培育新型农业经营主体存在的问题与对策研究》，载于《全国商情》（经济理论研究）2015年第18期。

[59] 罗必良：《农地规模经营的效率决定》，载于《中国农村观察》2000年第5期。

[60] 罗必良：《农户分工及专业化专题研究》，载于《华中农业大学学报》（社会科学版）2015年第2期。

[61] 马改菊：《新型农业经营主体的培育和发展——以河北省为例》，载于《河北工程大学学报》2015年第1期。

[62] 梅成瑞：《宁夏旱地农业类型分区及评价研究》，载于《干旱区资源与环境》1992年第3期。

[63] 梅建明：《再论农地适度规模经营——兼评当前流行的“土地规模经营危害论”》，载于《中国农村经济》2002年第9期。

[64] 倪国华、蔡昉：《农户究竟需要多大的农地经营规模——农地经营规模决策图谱研究》，载于《经济研究》2015年第3期。

[65] 农业部课题组、田国强、王莉等：《粮食生产经营主体变化及其对粮食安全的影响》，载于《农产品市场周刊》2013年第28期。

[66] 农业部新闻办公室：《我国首次家庭农场统计调查结果》，农业部网站，2013年6月4日。

[67] 欧阳桂前、田克勤：《中国农地规模经营存在的问题及对策分析——以东北三省为例》，载于《长白学刊》2015年第2期。

[68] 潘朝辉、杨怀宇：《农业适度规模经营的前提条件》，载于《农

业经济》2007 年第 1 期。

［69］彭克强：《中国粮食生产收益及其影响因素的协整分析——以 1984～2007 年稻谷、小麦、玉米为例》，载于《中国农村经济》2009 年第 6 期。

［70］彭群：《国内外农业规模经济理论研究评述》，载于《中国农村观察》1999 年第 18 期。

［71］彭志强：《发展家庭农场若干问题探讨》，载于《学理论》2013 年第 3 期。

［72］［俄］恰亚诺夫：《农民经济组织》（萧正洪译），中央编译出版社 1996 年版。

［73］钱贵霞：《粮食生产经营规模与粮农收入的研究》，中国农业科学院，2005 年。

［74］钱克明、彭廷军：《我国农户粮食生产适度规模的经济学分析》，载于《农业经济问题》2014 年第 3 期。

［75］屈小博：《不同经营规模农户市场行为研究——基于陕西省果农的理论与实证》，西北农林科技大学，2008 年。

［76］全炯振：《中国农业的增长路径：1952～2008 年》，载于《农业经济问题》2010 年第 9 期。

［77］史清华、卓建伟：《农户粮作经营及家庭粮食安全行为研究——以江浙沪 3 省市 26 村固定跟踪观察农户为例》，载于《农业技术经济》2004 年第 5 期。

［78］苏旭霞、王秀清：《农用地细碎化与农户粮食生产——以山东省莱西市为例的分析》，载于《中国农村经济》2002 年第 4 期。

［79］［日］速水佑次郎、［美］弗农·拉坦著，郭熙保、张进铭译：《农业发展的国际分析》，中国社会科学出版社 2000 年版。

［80］孙晓燕、苏昕：《土地托管、总收益与种粮意愿——兼业农户粮食增效与务工增收视角》，载于《农业经济问题》2012 年第 8 期。

［81］孙新华：《农业经营主体：类型比较与路径选择——以全员生产效率为中心》，载于《经济与管理研究》2013 年第 12 期。

［82］孙云奋、齐春宇：《两种补贴对两类粮农种粮收入的影响分析》，

载于《经济问题》2010年第10期。

[83] 孙中华:《大力培育新型农业经营主体，夯实建设现代农业的微观基础》，载于《农村经营管理》2012年第1期。

[84] 孙自铎:《农业必须走适度规模经营之路——兼与罗必良通知商榷》，载于《农业经济问题》2001年第2期。

[85] 田凤香、许月明、胡建:《土地适度规模经营的制度性影响因素分析》，载于《贵州农业科学》2013年第3期。

[86] 仝志辉、侯宏伟:《农业社会化服务体系：对象选择与构建策略》，载于《改革》2015年第1期。

[87] 万广华、程恩江:《规模经济、土地细碎化与我国的粮食生产》，载于《中国农村观察》1996年第3期。

[88] 汪发元:《中外新型农业经营主体发展现状比较及政策建议》，载于《农业经济问题》2014年第10期。

[89] 王兵、杨华、朱宁:《中国各省份农业效率和全要素生产率——基于SBM方向性距离函数的实证分析》，载于《南方经济》2011年第10期。

[90] 王济民、刘春芳、申秋红:《我国农业科技推广体系主要模式评价》，载于《农业经济问题》2009年第2期。

[91] 王静、殷海善:《对工商资本进入农村土地经营的探讨》，载于《华北国土资源》2015年第1期。

[92] 王娟、吴海涛、丁士军:《山区农户最优生计策略选择分析——基于滇西南农户的调查》，载于《农业技术经济》2014年第9期。

[93] 王秀东、王永春:《基于良种补贴政策的农户小麦新品种选择行为分析——以山东、河北、河南三省八县调查为例》，载于《中国农村经济》2008年第7期。

[94] 卫荣:《法国粮食安全政策对我国的启示》，载于《世界农业》2015年第5期。

[95] 卫荣:《我国种植业主要农产品生产现状及对策建议》，载于《农业经济》2015年第1期。

[96] 卫新、毛小报、王美清:《浙江省农户土地规模经营实证分析》，

载于《中国农村经济》2003年第10期。

[97] 吴呈良、胡光明：《粮田适度规模经营的实践和思考》，载于《中国农村经济》1995年第6期。

[98] 吴建光：《我国农村土地规模经营的理论与实践及九十年代的使命》，载于《学习与探索》1992年第5期。

[99] 吴乐民、温演望：《模糊聚类分析在旱作农业分区上的应用》，载于《华南农业大学学报》1991年第4期。

[100] [美] 西奥多·W. 舒尔茨：《改造传统农业》（梁小民译），商务印书馆2006年版。

[101] [美] 西奥多·W. 舒尔茨：《改造传统农业》（梁小民译），商务印书馆1998年版。

[102] [美] 西奥多·W. 舒尔茨：《经济增长与农业》，北京经济学院出版社1991年版。

[103] 夏语冰：《法国“理性农业”的启示》，载于《农产品市场周刊》2013年第50期。

[104] 肖焰恒：《我国农业技术应用的宏观取向与农户技术采用行为诱导》，载于《科技导报》2002年第5期。

[105] 徐明华：《粮田规模经营：利弊尚待权衡》，载于《中国农村经济》1998年第3期。

[106] 徐志仓：《农业微观经济组织再造的经济分析》，载于《兰州学刊》2011年第2期。

[107] 许海平：《国营农场最优经营规模研究——以海南国营植胶农场为例》，载于《农业技术经济》2012年第8期。

[108] 许庆、田士超、徐志刚等：《农地制度、土地细碎化与农民收入不平等》，载于《经济研究》2008年第2期。

[109] 许庆、尹荣梁：《中国农地适度规模经营问题研究综述》，载于《中国土地科学》2010年第4期。

[110] 许庆、尹荣梁、章辉：《规模经济、规模报酬与农业适度规模经营——基于我国粮食生产的实证研究》，载于《经济研究》2011年第3期。

[111] 薛凤蕊：《土地规模经营模式及效果评价》，内蒙古农业大学，2010年。

[112] 薛亮、杨永坤：《家庭农场发展实践及其对策探讨》，载于《农业经济问题》2015年第2期。

[113] 薛求知：《行为经济学——理论与应用》，复旦大学出版社2003年版。

[114] 杨钢桥、胡柳、汪文雄：《农户耕地经营适度规模及其绩效研究：基于湖北6县市农户调查的实证分析》，载于《资源科学》2011年第3期。

[115] 杨国玉、郝秀英：《关于农业规模经营的理论思考》，载于《经济问题》2005年第12期。

[116] 杨群义：《量本利法分析家庭农场经营规模》，载于《农村财务会计》2015年第5期。

[117] 姚增福、郑少锋：《种粮大户售粮方式行为选择及影响因素分析——基于"PT"前景理论和Slogit模型》，载于《西北农林科技大学学报》（社会科学版）2013年第1期。

[118] 殷善福、黎东升：《农业财政支出对农民消费效应：挤进或挤出——基于VEC－PDL模型的实证分析》，载于《农业技术经济》2011年第12期。

[119] [日] 早见雄次郎、[美] 拉坦：《农业发展：国际前景》，商务印刷出版社1993年版。

[120] 曾福生、高鸣：《我国粮食生产效率核算及其影响因素——基于Tobit模型二步法的实证研究》，载于《农业技术经济》2012年第7期。

[121] 张光辉：《农业规模经营与提高单产并行不悖——与任治君同志商榷》，载于《经济研究》1996年第1期。

[122] 张红宇：《新常态下的农民收入问题》，载于《农民日报》2015年3月。

[123] 张珂垒、蒋和平：《法国构建发展现代农业的政策体系及启示》，载于《世界农业》2008年第12期。

[124] 张丽丽、张丹、朱俊峰：《中国小麦主产区农地经营规模与效

率：基于山东、河南、河北三省的问卷调查》，载于《中国农学通报》2013年第2期。

[125] 张群、吴石磊、郭艳：《农民收入与农村土地规模经营的关系研究》，载于《经济纵横》2012年第10期。

[126] 张士杰：《专业合作社：粮食产业化经营的现实选择》，载于《中央财经大学学报》2008年第4期。

[127] 张守美：《推进农业适度规模经营转变现代农业发展方式》，载于《中国农机化》2008年第2期。

[128] 张侠、葛向东、彭补拙：《土地经营适度规模的初步研究》，载于《经济地理》2002年第3期。

[129] 张晓山：《创新农业基本经营制度，发展现代农业》，载于《农业经济问题》2006年第8期。

[130] 张雪梅：《我国玉米生产增长因素的分析》，载于《农业技术经济》1999年第2期。

[131] 张照新、赵海：《新型农业经营主体的困境摆脱及其体制机制创新》，载于《改革》2013年第2期。

[132] 张忠明、钱文荣：《农民土地规模经营意愿影响因素实证研究：基于长江中下游的调查分析》，载于《中国土地科学》2008年第3期。

[133] 赵佳、姜长云：《兼业小农抑或家庭农场——中国农业家庭经营组织变迁的路径选择》，载于《农业经济问题》2015年第13期。

[134] 赵佳、姜长云：《农民专业合作社的经营方式转变与组织制度创新：皖省例证》，载于《改革》2013年第1期。

[135] 郑建华、罗从清：《我国农村土地适度规模经营的实现条件与对策》，载于《农村经济》2005年第4期。

[136] 中国农村经济编辑部：《农业适度规模经营学术讨论会观点综述》，载于《中国农村经济》1989年第4期。

[137] 钟甫宁：《关于当前粮食安全的形势判断和政策建议》，载于《农业经济与管理》2011年第1期。

[138] 周娟、姜权权：《家庭农场的土地流转特征及其优势——基于湖北黄陂某村的个案研究》，载于《华中科技大学学报》（社会科学版）

2015 年第 2 期。

［139］周立：《美国家庭农场：要么变大，要么走人》，载于《第一财经报》2008 年 5 月 19 日。

［140］周其仁：《家庭经营的再发现》，载于《中国社会科学》1985 年第 2 期。

［141］朱启臻、杨汇泉：《谁在种地——对农业劳动力的调查与思考》，载于《中国农业大学学报》（社会科学版），2011 年第 1 期。

［142］朱希刚、钱伟曾：《农户种植业规模研究》，中国人民大学出版社 1990 年版。

［143］宗义湘、李先德、乔立娟：《中国农业政策对农业支持水平演变实证研究》，载于《中国农业科学》2007 年第 3 期。

［144］Ahmed, M. A. M. , S. Ehui, and Y. Assefa. Dairy development in Ethiopia. Environment and Production Technology Division Discussion Parper No. 123. Washington, D. C. : International Food Policy Research institute. 2004.

［145］Alan booth: “The role of tradition in Japan's industrialization: another path to industrialization – Edited by Masayuki Tanimoto”, *The Economic History Review*, Volume 60, Issue 3, Page 641 –642, Aug. 2007.

［146］Alvarez A. , Arias C. , “Technical efficiency and farm size: a conditional analysis”. *Agricultural Economics*, 2004, 30 (3): 241 –250.

［147］Banker, R. D. & Morey, R. , “The use of categorical variables in data envelopment analysis”. *Management Science*, 1986, 32 (12): 1613 – 1626.

［148］Berry, R. A. &Cline, W. R. , *Agrarian structure and productivity in developing countries*. Baltimore: The Johns Hopkins University Press, 1979: 46 –55.

［149］Bharadwaj Krishna. *Production conditions in Indian agriculture: a study based on farm management surveys*, Cambridge University Press. 1974.

［150］Boundeth S. , Takeuchi N. S. , “Analysis on technical efficiency of maize farmers in the northern province of Laos”. *African Journal of Agricultural*

Research, 2012, (49): 6579 – 6587.

[151] Britton, D., Are Holdings Becoming Larger or Smaller? Farm Economist, 1950, 6. 188 – 198.

[152] Burger, A., "Agricultural development and land concentration in a central European country: a case study of Hungary". *Land Use Policy*, 2001, 18 (3): 259 – 268.

[153] C. Wossink, A. Giesen, G. Vazzana, "Evaluation of sustainability of organic, integrated and conventional farming systems: a farm and field – scale analysis", *Ecosystems and Environment*, Apr. 2003.

[154] Ch R., Prasanna P. A. L., Singh A., *Farm Size and Productivity: Understanding the Strengths of Smallholders and Improving Their Livelihoods.* Economic & Political Weekly, 2011.

[155] Charnes, A., Cooper, W. W., Wei, Q. L., et al., "Cone rate data envelopment analysis and multi – objective programming". *International Journal of Systems Science*, 1989, 20 (7).

[156] Charnes, A., Cooper, W. W. & Rhodes, E., "Measuring the efficiency of decision making units". *European Journal of Operational Research*, 1979, 3 (4): 338 – 339.

[157] Chen J., "Rapid urbanization in China: A real challenge to soil protection and food security". *Catena*, 2006, 69 (1): 1 – 15.

[158] Coelli, T., Rao, P. and Battase, E., *An Introduction To Efficiency and Productivity Analysis*, Boston: Kluwer Academic Publishers, 1998.

[159] Coelli, T. J. A., "multi – stage methodology for the solution of orientated DEA models". *Operations Research Letters*, 1998, 23 (3): 143 – 149.

[160] Chen J., "Rapid urbanization in China: A real challenge to soil protection and food security", *Catena*, 2006, 69 (1): 1 – 15.

[161] Christiansen, F., "Food security, urbanization and social stability in China". *Journal of Agrarian Change*, 2009, 9 (4), 548 – 575.

[162] David G., Abler and Vasant A., Sukhatme: "The 'Efficient but

Poor' Hypothesis", *Review of Agricultural Economics*, Volume 28, Issue 3, Page 338 - 343, Sep. 2006.

[163] Debreu, G., "The coefficient of resource utilization". *Econometrica*, 1951, 19 (3).

[164] Deininger, K., Byerlee, D., "The Rise if Large Farms in Land Abundant Countries: Do They Have a Future?" *World Development*, 2012, 40 (4): 701 - 714.

[165] Eastwood, R., Lipton, M., Newell, A., Farm Size. In: Pingli, P., Evenson, R. E. (Eds.), *Handbook of Agricultural Economics*, 2009 (4): 3323 - 3397.

[166] Efth alia, D., Dimitris, S., Kostas, T., et al., *Productive efficiency and firm exit in the food sector.* Food Policy, 2008, 33 (2).

[167] Fan, S., Chan - Kang, C., "Is small beautiful? Farm size, productivity, and poverty in Asian agriculture". *Agricultural Economics*, 2005, 32. 135 - 146.

[168] Fare, R. & Grosskopf, S. A., "nonparametric cost approach to scale efficiency". *Journal of Economics*, 1985, 87 (4): 594 - 604.

[169] Farrell, M. J., "The measurement of productive efficiency". *Journal of the Royal Statistical Society, Seies A (General)*, 1957, 120 (3).

[170] Hayami, Y., "Ecology, History, and Development: A Perspective from Rural Southeast Asia". *World Bank Research Observer*, 2001, 16 (2): 169 - 198.

[171] Huang J., Rozelle S., Martin W. and Liu Y., Distortions to Agricultural Incentives in China. Working Paper, World Bank, 2007.

[172] Johnston B. F. and Mellor J. W., "The Role of Agriculture in Economic Development," *American Economic Review*, 51 (4): 566 - 593.

[173] Kleine, A., "A general model framework for DEA". *Omega*, 2004, 32 (1): 17 - 23.

[174] Kalirajan, K. P., Obwona, M. B. and Zhao, S., "A Decomposition of Total Factor Productivity Growth: The Case of Chinese Agricultural Growth

Before and After Reforms". *American Joumal of Agricultural Economics*, 1996, Vol. 78: 331 -338.

[175] Larson, D. , Matsumoto, T. , Kilic, T. , Otsuka, K. , "Should African Rural Development Strategies Depend on Smallholder Farms? An Exploration of the Inverse Productivity Hypothesis". *Agricultural Economics*, 2014, 45 (3): 355 -367.

[176] Lipton, M. , Land Reform in Developing Countries: Property Rights and Property Wrongs. Oxford, UK: Routledge. 2009.

[177] Liu, S. T. , "Slacks - based Efficiency Measures for Predicting Bank Performance," *Expert Systerm with Applications*, 2009, 36 (2): 2813 - 2818.

[178] Liu K. E. , "Food Demand in Urban China: an Empirical Analysis Using Micro Household Data. " Ph. D. Dissertation, Department of Agricultural, Environmental, and Development Economics, The Ohio State University, 2003.

[179] Maxwell S. , Frankenberger T. , Household Food Secirity: Conceptis, Indicators, Measurements, A Technical Review. UNICEF, New York and IFAD, Rome, 1992.

[180] Mazumdar, D. , "Size of Farm and Productivity: A Problem of Indian Peasant Agriculture". *Economica.* 1965, 32 (126): 161 -173.

[181] Murphy R. and Johnson D. , "Education and development in China - Institutions, curriculum and society". *International Journal of Educational Development*, 2009, 29: 447 -453.

[182] Musgrave, R. A. , *Theory of public finance.* New York: McGraw Hill, 1959.

[183] Olson, M. , *The logic of collective action: Public goods and the theory of groups.* Cambridge: Harvard University Press, 1965.

[184] Patton M. , Kostov P. , McErlean S. , Moss J. , "Assessing the influence of direct payments on the rental value of agricultural land". *Food Policy*, 2008, 32 (5): 397 -405.

[185] Petersen, E. H. , et al. , "Potential benefits from alternative areas

of agricultural research for dryland farming in northern Syria", *Agricultural Systems*, May. 2002.

[186] Patton M., Kostov P., McErlean S., Moss J., "Assessing the influence of direct payments on the rental value of agricultural land". *Food Policy*, 2008, 32 (5): 397-405.

[187] Pardey F. S., "Research Productivity and Output Growth in Chinese Agricultural". *Journal of Development Economics*, 1997.

[188] Quisumbing A., Women' s status and the changing nature of rural livelihoods in Asia. Conference Paper, Manila, Philippines, 2007.

[189] Richard. A. Johnson, Dean. W. Wichern: *Applied Multivariate Statistical Analysis (fifth Edition)*, China Statistics press, 2003.

[190] Sharmistha Self, Richard Grabowski: "Economic development and the role of agricultural technology", *Agricultural Economics*, Volume 36, Issue 3, Page 395-404, May. 2007.

[191] Steven, M. H. & Edward, S. L., "Farm size and the determinants of productive efficiency in the Brazilian Center-West". *Agricultural Economics*, 2004, 31 (2).

[192] Tan, S., Heerink, N., Kruseman, G. and Qu, F., 2008, "Do Fragmented Landholdings Have Higher Production Costs? Evidence From Rice Farmers in Northeastern Jiangxi Province, P. R. China", *China Economic Review*, Vol. 19, Issue 3, pp. 347-358.

[193] Tesfaye T. Adugna L. "Factors Affecting Entry Intensity in Informal Rental Land Markets in the Southern Ethiopian Highland". *Agricultural Economics*, 2004 (30): 117-128.

[194] Thiele, H. & Brodererersen, C., "Differences in farm efficiency in West and East Germany". *European Review of Agricultural Economics*, 1999, 26 (3).

[195] Veronika P. Z., "From subsistence farming towards a multifunctional agriculture: Sustainability in the Chinese rural reality". *Journal of Environmental Management*, 2008, 87: 236-248.

[196] Wakili A. M. , "Technical Efficiency of Maize Farmers in Gombi Local Government of Adamawa State, Nigeria". *Agricultural Journal*, 2012 (1).

[197] Yoto Poulos P. A. , Nugent J. B. , "Economies of Development: Em2 Percale Investigations". NewYork: Harper and Row, 1976.

图书在版编目（CIP）数据

我国粮食生产适度规模研究：基于经营主体视角 /
卫荣著．—北京：经济科学出版社，2017．12
（“三农”若干问题研究系列）
ISBN 978-7-5141-8899-8

Ⅰ．①我…　Ⅱ．①卫…　Ⅲ．①粮食政策-研究-中国
Ⅳ．①F326．11

中国版本图书馆 CIP 数据核字（2017）第 321898 号

责任编辑：齐伟娜　赵　蕾
责任校对：王苗苗
责任印制：李　鹏

我国粮食生产适度规模研究
——基于经营主体视角
卫　荣　著
经济科学出版社出版、发行　新华书店经销
社址：北京市海淀区阜成路甲 28 号　邮编：100142
总编部电话：010-88191217　发行部电话：010-88191540
网址：www．esp．com．cn
电子邮箱：esp@esp．com．cn
天猫网店：经济科学出版社旗舰店
网址：http://jjkxcbs．tmall．com
北京季蜂印刷有限公司印装
710×1000　16 开　12．25 印张　208000 字
2018 年 5 月第 1 版　2018 年 5 月第 1 次印刷
ISBN 978-7-5141-8899-8　定价：38．00 元
（图书出现印装问题，本社负责调换。电话：010-88191510）